석혜원 선생님이 들려주는 지구촌 경제 이야기

잘사는 나라
못사는 나라

석혜원 선생님이 들려주는 지구촌 경제 이야기

잘사는 나라 못사는 나라

처음 펴낸 날 | 2006년 4월 10일
개정판 펴낸 날 | 2022년 9월 15일
개정2판 펴낸 날 | 2024년 7월 5일

글 | 석혜원
그림 | 고상미

펴낸이 | 김태진
펴낸곳 | 다섯수레
기획편집 | 김경회, 김시완, 정헌경, 서해나, 유슬기
디자인 | 김다윤
마케팅 | 이운섭, 천유림
제작관리 | 김남희

등록번호 | 제3-213호   등록일자 | 1988년 10월 13일
주소 | 서울시 마포구 동교로15길 6 (서교동) (우 04003)
전화 | (02) 3142-6611   팩스 | (02) 3142-6615
인쇄·제본 | (주)상지사 P&B

ⓒ 석혜원, 2024

ISBN 978-89-7478-479-9 63320

■본문에서 ✽표시를 한 용어는 157쪽 '경제 용어 풀이'에서 뜻을 확인할 수 있습니다.

석혜원 선생님이 들려주는 지구촌 경제 이야기

잘사는 나라
못사는 나라

석혜원 글 | 고상미 그림

다섯수레

《잘사는 나라 못사는 나라》는 2006년 4월 10일에 처음 세상에 나왔습니다. 경제 성장 속도는 느려졌는데 별다른 탈출구를 찾지 못하자 우리나라 경제의 앞날을 걱정하는 말이 나올 때였어요. 우리나라 경제가 '계속 전진하느냐, 제자리걸음을 걷느냐'의 갈림길에 서 있었거든요. 1997년 경제 위기 이후 우리 기업들이 새로운 시설 투자를 줄이거나 늦추다 보니 혁신적인 기술 개발이 별로 이루어지지 않았어요. 반면 중국을 비롯해 풍부한 자원과 노동력을 가진 신흥 공업국들은 무서운 속도로 성장하여 우리 상품의 국제 경쟁력을 위협했지요.

우리나라만큼 짧은 기간 동안 높은 경제 성장을 이룬 나라는 없었지만, 조바심을 내는 사람들을 보면서 계속 전진하려면 긍정적인 에너지가 필요하다고 생각했습니다. 그래서 그동안 우리나라가 이룩한 자랑스러운 경제 성장을 알리고, 어린이들이 '우리의 내일은 오늘보다 더 나을 것'이라고 확신하기를 바라며 이 책을 썼답니다.

비 온 후 땅이 굳는다는 말이 있죠? 경제 위기를 극복하는 과정에서 우리나라 기업은 예전처럼 저돌적으로 도전하는 일에는 주춤했지만 기초 체력은 더 튼튼해져서 외부 충격에 흔들릴 위험성은 줄어들었습니다. 게다가 이미 자동차, 조선, 철강, 석유 화학 같은 중화학 공업이 발달했고, 정보 통신 분야 중 하드웨어 부문에서는 세계 선두권을 달리고 있었어요. 2010년대부터 발달하기 시작한 바이오산업이나 문화 콘텐츠 산업의 위상도 계속 높아졌고요. 그래서 우리나라 경제는 차근차근 앞으로 나아갈 수 있었습니다. 2018년에는 1인당 국민 소득이 3만 달러를 넘어섰어요. 인구 5천만 명이 넘으면서 한국보다 먼저 1인당 국민 소득이 3만 달러가 넘었던 나라는 미국, 일본, 독일, 영국, 프랑스, 이탈리아입니다. 이 여섯 나라는 20세기 이전에 산업화가 시작되어 일찍이 선진국으로 자리매김했는데, 우리 경제가 이들을 바싹 뒤쫓게 된 거지요.

《잘사는 나라 못사는 나라》를 선보일 때 했던 말을 책을 새로이 나듬어 펴내면서도 되풀이합니다.

'한강의 기적'이 저절로 일어난 것이 아니듯, 앞으로 이루어야 할 경제 발전도 누군가 거저 주는 것은 아닐 것입니다. 아무리 다른 민족보다 뛰어난 두뇌와 창의력을 가졌다 하더라도, 하루가 다르게 변화하는 세상에 적응하지 못하면 제자리걸음을 하거나 뒤떨어지게 되지요. 치열한 경쟁에서 살아남으려면 새로운 상황에 빨리 적응해야 할 뿐 아니라 미래를 내다보고 남보다 한발 앞서 나가야 합니다.

그런데 여러분, '경쟁에서 이긴다'는 것은 무슨 뜻일까요? 경쟁이란 다른 사람이나 다른 나라의 몫을 빼앗는다는 뜻은 아닙니다. 진정한 경쟁은 '사람들과 더불어 잘살 수 있도록 새로운 가치를 더 만들어 내는 데 앞장선다'는 뜻이지요. 그러니까 다른 사람에게 도움을 주고 함께 발전하려는 마음으로 창의력을 발휘하는 사람만이 경쟁의 진정한 승리자가 될 수 있답니다. '모두 잘살 수 있는 새로운 가치에는 어떤 것들이 있을까?', '나는 어떤 가치를 만들어 낼 수 있을까?' 이 책을 읽고 여러분 모두 이런 고민에 한 번씩 빠지길 바랍니다.

우리가 뛰어들어야 할 경쟁은 모두 잘사는 세상을 만들기 위한 경쟁입니다. 자, 이런 경쟁이라면 우리가, 이 책을 읽는 여러분들이 이겨 내야 할 경쟁이 아닐까요?

석혜원

· 차례 ·

1장

어떤 나라가
잘사는 나라일까?

1 잘산다는 건 무슨 뜻인가요?

누구네 집이 '잘산다'고 이야기할 때가 있지? 어떤 경우에 그렇게 말할까?

크고 좋은 집에 살면 그렇게 말해요. 살림살이가 으리으리하고 비싼 자동차를 가지고 있어도 그렇게 말하고요. 그렇지만 가족들과 화목하게 지내고 자주 놀러 가는 집이 정말 잘사는 집 같기도 해요. 어떤 집이 정말 잘사는 걸까요?

그래. 쉬운 질문인 것 같지만 대답하기가 쉽지 않지? 그렇다면 한 가지 더 물어볼게. 잘사는 나라란 어떤 나라일까?

미국처럼 힘이 센 나라요. 삼촌이 그러는데 미국은 세계에서 가장 힘센 나라라서 힘없는 나라들은 미국이 부당하게 간섭을 해도 불평을 못 한대요.

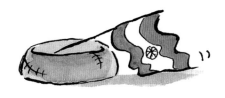

똑같은 질문을 다른 친구들에게 했더니 이렇게 말하더구나.

국민들이 마음 편하게 사는 나라요. 인도에는 돈이 많고 적은
것에 상관없이 행복한 사람이 많대요.

돈이 많은 나라요!

스위스처럼 자연환경이 아름답고
사회 복지 제도가 잘 갖추어진 나
라가 아닐까요?

같은 질문에 왜 이렇게 다양한
대답이 나왔을까?

잘산다는 것은 관점에 따라 의미가 달라지기 때문이야. 좀 어려운 말로, 사람마다 가치관이 다르기 때문이지.

그럼 내 질문을 '경제적인 관점'으로 좁혀서 다시 한번 생각해 볼까? 즉 '경제적으로 풍요로운 나라란 어떤 나라일까?'라는 질문을 해 보자고.

이때 한 나라의 경제 수준과 국민들의 생활 수준을 비교하기 쉽게 종합적으로 파악할 수 있는 지표가 있다면 대답은 모두 같아지겠지? 그 지표가 바로 국민 소득이야.

② 국민 소득이란 무엇인가요?

국민 소득이 무슨 뜻인가요? 많이 들어 보기는 했는데 정확한 뜻을 잘 모르겠어요.

경제 활동을 해서 벌어들인 돈을 소득이라고 하지. 한 가정의 구성원들이 벌어들인 돈은 가계 소득이라고 하고, 한 나라의 국민 전체가 벌어들인 돈은 국민 소득이라고 해. 좀 더 구체적으로 말하면 국민 소득이란 한 나라 국민이 일정 기간에 새로이 생산한 가치를 모두 돈으로 환산하여 합한 거야.

여기서 '새로이 생산한 가치'를 부가 가치라고 해.

Tip. 가계 소득에는 어떤 것이 있을까?

가계 소득에는 근로 소득, 사업 소득, 재산 소득, 이전 소득이 있다. 근로 소득은 직장에서 일하고 받는 돈이고, 사업 소득은 기업을 경영하거나 농사를 짓는 일과 같이 자신이 직접 경영을 하고 번 돈이다. 건물을 빌려주고 받는 임대료나 예금을 하고 받는 이자는 재산 소득이다. 이전 소득은 생산 활동에 대한 대가로 주어진 소득이 아니라 정부나 다른 사람으로부터 대가 없이 받는 돈이다.

Tip. 부가 가치란?

부가 가치는 생산 과정에서 새롭게 만들어 낸 가치이다. 어떤 생산 과정에서 만들어진 부가 가치를 계산하려면 최종 생산물의 가치에서 원료의 가치를 뺀 나머지 부분을 구하면 된다.

동네 빵집에서 우유식빵과 생크림 케이크를 만드는 과정을 예로 들어보자.

밀가루, 우유, 달걀, 버터 등 3000원어치의 재료로 우유식빵을 만들어서 6000원에 판다면, 이 과정에서 생긴 부가 가치는 3000원이다. 그런데 3000원어치의 재료로 만든 생크림 케이크를 9000원에 판다면, 생크림 케이크를 만드는 과정에서 생긴 부가 가치는 6000원이다. 같은 재료비가 들었다고 가정할 때, 새로 만들어 낸 가치의 비율이 높은 쪽이 부가 가치가 높은 상품이다. 우유식빵과 생크림 케이크를 만드는 과정을 비교해 보면, 재료비는 같은데 생크림 케이크의 부가 가치는 우유식빵 부가 가치의 두 배이다. 이런 경우 생크림 케이크의 부가 가치가 우유식빵의 부가 가치보다 높다고 한다.

③ 국내 총생산과 국민 총소득은 어떻게 다른가요?

국민 소득에 대해 더 자세히 알고 싶어요.

국민 소득은 국민 총소득을 줄인 말이야. 국민 소득이 무엇인지 확실히 알려면 먼저 국내 총생산과 국민 총소득이 무엇인지 알아야 해.

국내 총생산은 일정한 기간에 한 나라 안에서 새로이 생산한 재화*와 서비스*의 가치, 쉽게 말해서 나라 안에서 만든 모든 재화와 용역*의 합이란다. 다시 말해 부가 가치의 합인데, 영어로는 GDP(Gross Domestic Product)라고 해.

국내 총생산의 규모가 크다는 것은 기업의 생산량이 많고 일자리도 넉넉해서 사람들이 많은 돈을 벌었다는 뜻이야. 어느 나라의 국내 총생산이 늘었다면 그 나라가 경제적으로 더 부유해진 거야.

국민 총소득은 한 나라의 국민이 일정 기간 동안에 벌어들인 돈을 모두 합한 것을 말한단다.

만약 나라의 모든 국민이 그 나라 안에서만 생산에 참여하고, 또 그 나라에 와서 생산에 참여해 돈을 벌어 자기 나라로 가져가는 외국인들이 없다면, 국내 총생산과 국민 총소득은 같아. 그러나 우리 국민 가운데에는 외국에서 일하며 돈을 벌어 오는 사람들이 있고, 또 우리나라에서 일하고 돈을 벌어 가는 외국인들도 있으니까 실제로는 국내 총생산과 국민 총소득이 같을 수가 없어.

선생님! 그럼 우리 여자 프로 골프 선수들이 미국에서 받은 상금은 국민 총소득에는 포함되지만 국내 총생산에서는 빼야겠네요?

그래, 내 말을 아주 잘 이해했구나.

국민 총소득은 한 나라 국민이 나라 안에서는 물론 외국에서 일정 기간에 벌어들인 돈을 모두 합한 거야. 그래서 우리나라의 국민 총소득을 구하려면 국내 총생산에서 외국 사람이 우리나라에서 벌어 간 소득은 빼고, 우리 국민이 외국에서 벌어들인 소득은 더해야 한단다.

●세계 국내 총생산 순위(2021년)

순위	나라	금액
1	미국	229,961
2	중국	177,341
3	일본	49,374
4	독일	42,231
5	영국	31,869
6	인도	31,734
7	프랑스	29,375
8	이탈리아	20,999
9	캐나다	19,908
10	한국	17,985

단위: 억 달러

(자료: 세계은행)

④ 1인당 국민 총소득으로 알 수 있는 것은 무엇인가요?

선생님! 이제 선생님의 질문에 대답할 수 있어요. '경제적으로 풍요로운 나라'란 '국민 총소득'이 많은 나라를 말하는 거죠?

하하하, 내 설명을 열심히 들었구나. 하지만 '경제적으로 풍요로운 나라'가 어떤 나라인지 정확히 알려면 내 설명에 조금 더 귀를 기울여야 해.

국민 총소득은 나라 전체의 소득 수준을 말해 주는 지표야. 뉴스에서 경제 이야기를 할 때 국민 소득이라는 말을 자주 쓰는데, 국민 소득은 국민 총소득을 줄인 말이야. 그런데 국민 총소득은 나라 전체의 소득을 말하기 때문에 이것만으로는 국민의 평균 생활 수준을 파악할 수 없단다.

세계은행*에서 발표한 '2021년 나라별 국민 총소득'에 따르면 중국의 국민 총소득은 세계 2위(17조 7341억 달러)로 세계 35위(3971억 달러)인 덴마크의 국민 총소득과는 비교가 되지 않을 정도로 많아. 그러나 중국은 인구가 많아서 전체 국민이 벌어들인 소득의 합이 클 뿐이지 한 사람에게 돌아오는 몫은 작아 국민들의 평균 생활 수준이 아주 낮단다.

그래서 한 나라 국민들의 일반적인 생활 수준을 알아보려면 국민 총소득을 그 나라의 인구수로 나누어서 얻어지는 수치인 '1인당 국민 총소득'을 알아야 해. 말하자면 1인당 국민 총소득을 알면 한 나라 국민들의 실제 생활 수준을 짐작할 수 있지. 경제 뉴스에서 자주 듣게 되는 1인당 국민 소득은 1인당 국민 총소득을 줄인 말이야.

앞에서 국민 총소득을 알아본 중국과 덴마크의 1인당 국민 총소득을 비교해 보자. 세계은행의 자료에 따르면 2021년 중국의 1인당 국민 총소득은 1만 1890달러였어. 덴마크는 6만 8110달러로 중국의 1인당 국민 총소득의 6배 정도로 많아. 덴마크의 국민 총소득은 중국보다 훨씬 적지만 덴마크의 인구가 중국보다 훨씬 적기 때문에 덴마크 국민 한 사람에게 돌아오는 1인당 국민 총소득은 중국의 1인당 국민 총소득보다 아주 많은 거야. 그러니까 국민들의 평균 생활 수준은 덴마크가 중국보다 훨씬 높단다.

2장

한강의 기적은
계속될까?

— 경제 성장에서 경제 발전으로

⑤ 경제 성장의 뜻을 알고 싶어요

어제 텔레비전에서 다큐멘터리를 봤어요. 부모님이 태어나기도 전인 1950년대의 우리나라 모습을 많이 보았는데 지금과는 너무나 다른 모습에 깜짝 놀랐어요. '한강의 기적'이라는 말이 무슨 뜻인지 확실히 알겠더라고요.

아주 유익한 프로그램을 보았구나. 너희들은 지금 풍요로운 환경에서 살고 있지만, 너희 할아버지 할머니 세대의 힘들고 어려웠던 시절을 몰라도 되는 건 아니란다. 과거를 제대로

알아야 더 나은 내일로 나아갈 수 있거든.

6.25 전쟁(1950~1953년)이 끝났을 때 우리나라는 아주 가난했단다. 그러다가 제1차 경제 개발 5개년 계획을 시작한 1962년부터 10년 동안 해마다 평균 8.8퍼센트라는 놀라운 성장률을 기록했어. 1970년대로 이어지는 제3차(1972~1976년), 제4차(1977~1981년) 경제 개발 5개년 계획 기간에도 높은 성장률은 계속 유지되었단다. 제2차 세계대전(1939~1945년)에서 패한 독일이 경제 대국으로 발돋움했을 때 세계인들은 '라인강의 기적'이라며 놀라워했어. 세계는 우리나라의 놀라운 경제 성장을 독일의 경우에 빗대어 '한강의 기적'이라고 표현했지.

제1차~제4차 경제 개발 5개년 계획 기간인 1962년부터 1981년까지 20년 동안, 우리나라의 국민 총생산, 1인당 국민 총생산과 수출은 다음과 같이 크게 성장했어.

구분	1962년	1981년	성장 비율
국민 총생산	23억 달러	696억 달러	약 30배
1인당 국민 총생산	87달러	1749달러	약 20배
수출	5천 5백만 달러	218억 5천만 달러	약 400배

아, 그렇군요. 그런데 선생님! 경제 성장이란 어떤 뜻인가요? 더 잘살게 되었다는 뜻 같기는 한데…….

그래, 좋은 질문이구나. 내 설명을 잘 들어 보렴.

국민이 모두 합해 100명인 아주 작은 나라가 있었어. 이 나라에서는 하루에 밀가루로 빵을 300개씩 만들었어. 빵 300개를 만들기 위해 어린아이들과 노인들을 뺀, 일할 수 있는 사람들은 온종일 밀가루를 반죽하고 빵을 구웠지. 이 나라에서 생산하는 밀가루의 양은 하루 600개의 빵을 만들 수 있을 만큼 많았지만, 일손이 모자라고 빵을 구울 화덕도 부족해서 밀가루의 반은 그냥 버려야 했단다.

어느 날 이 나라의 대통령이 이웃 나라 소식을 듣게 되었어.

"이웃 나라에서는 100명이 하루에 빵을 600개나 만든다고 해요. 우리처럼 빵을 손으로 만들지 않고 기계로 만드니까 훨씬 빨리 만들 수 있답니다. 그 나라에는 빵 만드는 기계가 열 대 있는데 기계 한 대로 하루에 60개의 빵을 만든다고 해요. 먹고 남은 빵은 다른 나라에 팔고 그 돈으로 다른 물건들을 사 온대요. 이제는 살림살이가 넉넉해져서 그 나라 사람들은 신이 났답니다."

대통령은 생각했지. '우리에게도 빵 만드는 기계가 있으면

참 좋겠다!'

   그런데 빵 만드는 기계 한 대 값이 빵 100개 값과 같다는 거야. 그날 먹을 빵밖에 못 만드는데 어떻게 기계 살 돈을 마련할지 답답하기만 했어. 며칠을 고민하다가 대통령은 국민들에게 이웃 나라 이야기를 전하며 하루에 빵 열 개씩을 더 만들자고 했어. 대통령의 의견에 반대하는 사람들도 있었지만 다행히 찬성하는 사람들이 더 많았단다.

마침내 열흘 동안 온 국민이 잠도 줄이고 쉬지 않고 일한 끝에 드디어 빵 만드는 기계를 한 대 살 수 있었어. 그러니까 예전처럼 일해도 빵을 더 만들 수 있게 되었지. 그때부터 먹고 남은 빵이 100개가 될 때마다 기계를 한 대씩 더 샀어. 이것을 어려운 말로 '생산 시설의 확대'라고 한단다. 이 나라는 결국 이웃 나라처럼 하루에 빵 600개씩을 만들게 되었지.

하루에 빵을 300개씩 만들던 나라가 600개씩 만들게 되었으니 국민이 먹을 수 있는 빵의 개수가 두 배 많아졌지? 경제 성장은 이와 같이 나라의 경제 규모를 나타내는 국내 총생산이 지난해에 비해 커졌음을 의미한단다.

⑥ 경제 성장률이 무엇인가요?

아, 이제 경제 성장이 무엇인지 확실히 알겠어요. 선생님, 그럼 '경제 성장률'은 무슨 뜻인가요? 어제 아버지가 뉴스를 들으시다가 "경기가 불황이라 경제 성장률이 낮아지겠는걸" 하고 걱정하시는 말을 들었거든요.

경제 성장은 나라의 경제 규모를 나타내는 국내 총생산 (GDP)이 지난해에 비해 커진 것인데, 그 커진 정도를 경제 성장률이라고 한단다. 이것을 식으로 나타내면 다음과 같아.

$$경제\ 성장률(\%) = \frac{(올해의\ 실질\ GDP - 지난해의\ 실질\ GDP)}{지난해의\ 실질\ GDP} \times 100$$

여기에서 실질 GDP란 물건 값이 오른 것이 국내 총생산에 미친 영향을 뺀 거야. 국내 총생산은 일정한 기간에 한 나라 안에서 새로이 생산한 재화와 서비스의 가치를 합한 거야. 즉 2021년의 국내 총생산은 2021년에 우리나라에서 생산한 모든 재화와 서비스의 가치를 합하면 구할 수 있어. 마찬가지로 2022년 국내 총생산은 2022년에 생산된 모든 재화와 서비스의 가치의 합을 구하면 되고. 이렇게 구한 국내 총생산을 명목 GDP라고 한단다. 만약 2022년 물가가 2021년보다 전체적으로 5퍼센트가 올랐다면 재화와 서비스의 양이 변하지 않아도 명목 GDP는 5퍼센트가 커지게 되지. 그렇다면 경제 규모는 그대로인데 경제가 성장했다고 착각할 수 있어.

이런 모순을 없애려고 경제 성장률을 계산할 때는 두 해의 명목 GDP를 비교하지 않고, 먼저 기준 연도를 정하고 기준 연도의 가격으로 나타낸 실질 GDP를 구한단다. 어떤 나라의 실질 국내 총생산이 지난해 100억 달러에서 올해 105억 달러로 늘었다면 그 나라의 올해 경제 성장률은 5퍼센트가 된단다.

Tip. 경제 성장률이 높으면 왜 물가가 오를까?

경제 성장률이 높아지면 국민 소득이 늘고 따라서 소비도 늘어난다. 물건의 공급은 그대로인데 소비가 늘면 물가*가 오른다.
소비가 늘어난 만큼 물건의 공급이 늘어나면 문제가 없다. 그런데 생산을 늘리려면 더 많은 노동력과 자금이 필요하다. 인구는 그대로인데 갑자기 노동력이 더 필요해지면 임금이 오르고, 생산을 늘리기 위해 필요한 돈을 빌리겠다는 기업이 많아지면 금리*도 올라간다. 임금이나 금리가 오르는 것도 물가가 오르는 원인 가운데 하나이다.

좀 어렵지만 무슨 뜻인지 대충 알겠어요. 어쨌거나 경제 성장률은 높을수록 좋은 거죠?

내 이야기를 끝까지 들어 보렴.

경제 성장률이 높다는 건 그 나라의 경제가 활발하게 성장하고 있다는 뜻이야. 보통 경제 개발이 시작되는 시기에는 경제 성장률이 높고, 경제 규모가 어느 수준에 이르면 초기보다 느리게 성장해. 너희들과 같은 성장기에는 몸이 많이 자라지만 어른이 되어서는 더 이상 자라지 않는 것과 비슷한 이치야. 그래서 미국을 비롯한 선진국들의 경제 성장률은 개발 도상국들의 경제 성장률에 비해서 낮은 편이야. 아시아를 예로 들면 우리보다 경제 수준이 낮은 중국이나 인도의 경제 성장률은 우리나라보다 높고, 우리보다 먼저 경제가 발달한 일본의 경제 성장률은 우리나라보다 낮아.

경제 성장률이 높으면 호황이라고 하고 낮으면 불황이라고 해. 그러나 경제 성장률이 높으면 물가*가 빨리 오르고 경제에 거품이 생기기도 한단다. 반대로 경제 성장률이 낮으면 일자리가 늘지 않아서 걱정이야. 그래서 실제 경제 성장률은 그 나라의 잠재 성장률과 가까운 것이 가장 좋아.

Tip. 거품 경제란 무엇일까?

경제에서 거품이란, 어떤 물건이 시장에서 거래되는 가격이 그 물건의 진짜 가치보다 지나치게 높이 평가된 것을 말한다. 거품은 어떤 물건의 진짜 가치는 그대로인데 시장에서 값이 계속 오를 것으로 기대될 때 생긴다.

올바른 경제 활동은 자원을 가장 가치 있는 곳, 꼭 필요한 곳에 먼저 투자해서 그 효과를 가장 크게 하는 것이다. 생산 시설을 늘리거나 기술 개발에 투자하는 것이 좋은 예이다. 그러나 경제에 거품이 생기면 많은 돈을 쉽게 버는 쪽으로 돈이 흐르게 된다.

⑦ 아하, 잠재 성장률!

선생님, 잠재 성장률이 무슨 뜻인가요?

잠재 성장률이란 실업이 늘지도 않고 줄지도 않는, 호황과 불황의 경계가 되는 성장률을 말해. 잠재 성장률은 한 나라가 가진 자원과 기술을 모두 끌어모았을 때 물가에 부담을 주지 않고 최대한 성장할 수 있는 정도를 나타내지.

그런데 2021년 10월 경제 협력 개발 기구(OECD)가 펴낸 재정 전망 보고서는 한국의 잠재 성장률을 2020~2030년은 연 1.9퍼센트, 2030~2060년은 연 0.8퍼센트로 내다보았어. 2030~2060년 한국의 잠재 성장률 전망은 OECD 평균(1.1퍼센트)보다 낮고, 38개국 중 캐나다와 함께 공동 꼴찌 수준이야. 그래서 걱정하는 사람들이 많아.

여기서 잠깐 저출생과 잠재 성장률의 관계를 짚고 넘어가 보자. 요즘 저출생이 걱정이라는 얘기를 많이 듣지? 지금의 인구가 유지되려면 여성 한 명이 자녀를 2.1명은 낳아야 해. 그런데 2023년 합계 출산율이 0.72명까지 떨어져서 한국은 OECD 국가 중 출산율이 가장 낮은 나라가 되었단다.

저출생은 경제에 어떤 영향을 미치나요?

가장 심각한 문제는 일할 사람이
줄어든다는 거야. 일하기에 적당
한 나이인 15세에서 64세까지의 인
구를 생산 연령 인구라고 해.

2022년 통계청 조사에 따르면, 우리나라의 생산 연령 인구
는 전체 인구의 71.1퍼센트인데, 지금처럼 저출생이 계속되면
2040년에는 생산 연령 인구가 전체 인구의 58퍼센트로 줄어
들 거야.

경제가 지속적으로 성장하려면 잠재 성장률이 높아야 해.
그런데 일할 인구가 줄어들면 노동력*이 부족해서 잠재 성장
률이 떨어지고, 결과적으로 경제 성장에 문제가 생길 수 있어.

아하, 우리나라 경제가 지속적으로 성장하려면 일할 사람이
많아야겠군요.

우리 경제가 계속 성장하려면 무엇보다 잠재 성장률을 키
워야 하는데, 생산에 필요한 사람과 돈이 풍부하고 기술력이
높아지면 잠재 성장률도 커진단다. 즉 우수한 노동력이 많아
지고, 생산 자금도 풍부하며, 기술력이 계속 발전하면 지속적

인 경제 성장이 가능해져.

하기 싫은 공부를 억지로 하면 지겹기만 하고 성적도 안 오르지? 그런데 선생님이 쉽게 이해할 수 있도록 가르쳐 주고, 부모님도 격려해 주고, 너희들이 공부에 재미를 느낀다면? 틀림없이 '내가 이렇게 잘할 수 있었나?' 하고 놀랄 정도로 좋은 결과를 얻을 거야.

나라 경제도 마찬가지야. 사람들이 마지못해 일하면 일한 만큼의 결과가 제대로 나오지 않아. 기업가와 근로자가 서로 제 몫 챙기기에 바빠 싸움만 하면 기술 개발이나 새로운 투자에 소홀하게 되지. 또 정부가 쓸데없이 규제를 많이 하면 경제 활동이 활발해질 수 없어. 그러면 경제는 제자리걸음을 걷거나 뒷걸음질하게 될 수도 있지.

그런데 근로자는 열심히 일하고, 기업가는 투자를 늘리고, 경영자와 근로자가 한마음으로 기술 개발을 하고, 정부는 여러 가지 제도를 효과적으로 운용해서 모든 일이 활기차게 돌아가면 경제의 효율성이 높아지게 돼. 또 새로운 상품이나 생산 방법이 계속 나올 테지. 그러면 잠재 성장률은 올라가게 되고, 경제 성장도 무리 없이 계속될 수 있단다.

⑧ 경제 성장과 경제 발전은 달라요

선생님! 경제 성장과 경제 발전은 같은 뜻인가요? 어제 친구랑 그걸 가지고 옥신각신했어요. 제 친구가 둘은 서로 다른 거라고 우기잖아요.

하하하, 그랬구나. 그런데 어쩌지? 이번엔 친구 말이 맞았구나. 내일 학교 끝나고 아이스크림이라도 사 주면서 "네가 맞았어" 하고 멋지게 인정해 주렴.

경제 발전과 경제 성장은 같은 의미로 쓰이기도 하지만 정확하게 따지자면 경제 발전이 더 넓은 의미를 갖고 있어. 경제 성장에 따른 소득이 공평하게 나누어지고 국민 생활의 질이 더 높아졌을 때 경제 발전이 이루어졌다고 하지.

경제 발전에 대해 좀 더 자세히 가르쳐 주세요!

하루에 빵이 100개 필요한데 50개밖에 만들지 못해서 모든 사람이 배고픈 나라가 있었어. 이 나라에서 가장 급한 일은 빵을 더 만드는 거야. 만약 하루에 빵을 100개씩 만들어 배고픔이 해결된다면 모두 좋아하겠지. 그런데 하루에 빵을 100개씩 만들게 되고 나서 사람마다 사정이 달라졌다고 치자. 하루에 빵을 세 개나 갖게 된 사람도 있는 반면, 여전히 반 개밖에 가질 수 없는 사람이 있다면 어떻게 될까?

처음에는 배는 고팠지만 갈등은 없었는데, 이제는 배고픔은 줄었지만 갈등이 생길 거야. 이러면 경제 성장은 이루어졌지만 경제 발전이 이루어졌다고 할 수 없어.

우리는 오랜 기간 경제 발전보다는 경제 성장에 더 많은 관심을 가졌어. 그래서 풀어야 할 문제들이 생겼지. 돈이 최고라고 생각하다 보니 돈을 벌기 위해 양심을 속이는 사람들도 많아. 많은 사람들이 돈벌이가 잘 안되는 농촌을 버리고 돈을 좇아 도시로 몰려들어서 도시와 농촌의 격차가 자꾸만 커졌어. 환경을 오염시키고 파괴하더라도 돈을 벌 수 있다면 앞뒤 가리지 않고 덤벼들기도 했지.

모두 성장 위주의 경제 정책으로 생긴 문제점들이야. 하지만 경제 성장은 모두가 살기 좋은 세상을 만들기 위한 경제 발전의 토대가 되어야 해.

경제 발전은 사회 복지*와 보건, 의료 그리고 교육이나 문화와 같은 사회의 모든 분야가 함께 발전할 때 이루어진단다. 경제 발전이 따르지 않는 경제 성장은 오래갈 수 없어. 이제는 성장보다는 이미 드러난 문제점들을 해결하고 모두 함께 행복한 사회를 만들기 위해 노력할 때야.

그렇지만 경제 성장에 기여한 사람들의 공이나 노력을 인정해 주지 않고 무조건 똑같이 나누어야 한다고 주장하는 일은 없어야 해. 노력에 대한 보상이 없는 사회에서는 사람들이 열심히 일할 의욕을 잃게 되어 경제 성장이나 발전이 계속될 수 없거든.

그리고 반드시 이루어야 할 게 있어. 바로 지속 가능한 발전*이야. 경제 성장이란 생산 규모가 커지는 것이니 생산과 소비가 계속 늘어나는 것을 뜻해. 그런데 20세기 후반부터 지나친 생산과 소비로 다음 세대가 사용할 자원이 부족해지고 환경 오염이 심각해지는 문제가 발생했어. 해마다 심해지는 기후 변화는 성장을 좇는 경제 활동의 결과라고 할 수 있지. 그러니까 이제 성장이 느려지더라도 환경을 지키면서 삶의 질을 높이고, 미래 세대의 자원을 빼앗아 사용하지 않는 경제 활동을 해야 돼.

3장

선진국의 꿈이 이루어졌어요

— 1인당 국민 소득 3만 달러 시대

⑨ 우리나라의 1인당 국민 소득은 어떻게 변해 왔을까요?

선생님, 앞에서 우리나라 경제가 그동안 많이 성장했다는 걸 배웠어요. 그렇다면 1인당 국민 소득도 훨씬 많아졌겠지요? 우리나라의 1인당 국민 소득이 어떻게 변해 왔는지 알고 싶어요.

그래, 당연히 1인당 국민 소득이 높아졌어. 그것도 아주 빠른 기간에. 1인당 국민 소득은 국민 한 사람이 얼마나 많은 돈을 벌었는지를 나타내는 1인당 국민 총소득과 같은 말이란다.

그럼 우리나라의 1인당 국민 소득이 어떻게 변해 왔는지 자세히 알아볼까?

1960년 1인당 국민 소득은 불과 79달러였단다. 6.25 전쟁으로 엉망이 된 나라를 채 복구하지 못한 때였지. 그때와 지금의 물가 수준이 다르기는 하지만 79달러는 10만 원도 채 안 되는 돈이야. 대부분의 국민들이 굶기를 밥 먹듯 하며 살았어.

1962년부터 경제 개발 5개년 계획을 실시하면서 우리 경제는 놀라운 속도로 성장했어. 1970년에는 1인당 국민 소득이 249달러로 늘었고, 1980년에는 1598달러, 1990년에는 5886달러를 기록했지.

그렇지만 이런 성장이 계속되지는 않았단다. 경제는 처음에는 빠르게 성장하다가 점점 성장 속도가 느려지는 것이 보통이야.

경제 성장이 주춤해진 1995년 이후 1인당 국민 소득을 알아보기로 하자.

● 1995년 이후 우리나라 1인당 국민 소득

1995년	1만 1432달러
1996년	1만 2197달러
1997년	1만 1176달러
1998년	7935달러
1999년	9438달러
2000년	1만 841달러
2001년	1만 160달러
2002년	1만 1499달러
2003년	1만 2720달러
2004년	1만 4206달러

(자료: 한국은행)

10 1998년에는 왜 1인당 국민 소득이 줄었을까요?

그런데 1998년에는 1인당 국민 소득이 줄었네요? 무슨 특별한 이유가 있었나요?

그래, 1998년에는 소득이 오히려 줄었는데, 그 이유를 지금부터 설명해 줄게.

우리나라는 1997년 말, IMF(International Monetary Fund, 국제 통화 기금→9장에서 자세히 알아보자)에서 돈을 빌려야 했을 만큼 경제적으로 큰 어려움을 겪었단다. 왜 30년 넘게 계속된 성장이 멈추었을까? 중요한 이유 가운데 하나는 외채였어. 외국에서 빌린 돈을 외채라고 하는데, 지나치게 많은 외채가 경제 위기의 원인이 되었단다.

기업들은 지금까지의 성장만 믿고 겁없이 돈을 빌려 사업을 키웠고, 정부도 이런 사실을 대수롭지 않게 생각했지. 그런데 1997년 초, 아주 큰 기업들도 빌린 돈을 제때에 갚지 못하는 일이 벌어졌어. 우리 기업에 돈을 빌려준 외국인들은 혹시 빌려준 돈을 돌려받지 못할까 봐 걱정하면서 빚을 갚으라고 재촉했지. 그 결과 한꺼번에 많은 빚을 갚느라 나라의 비상금인 외환 보유액(→9장에서 자세히 알아보자)이 바닥났단다. 결국 마지막 수단으로 정부는 IMF에서 돈을 빌리게 되었어.

IMF에서는 보통 돈을 빌려주면서 그 나라의 경제 정책에 대해 여러 가지 요구를 한단다. 병이 났을 때 대개 약을 먹고 푹 쉬면 낫지만, 중병에 걸린 환자를 살리기 위해 병든 부분을 도려내는 수술을 해야 하는 경우가 있어. IMF는 우리 경제가 수술을 받아야 하는 환자와 같다고 보고, 먼저 많은 돈을 빌렸던 기업들이 이자를 내기 힘들면 스스로 문을 닫도록 금리를 올리라고 요구했지.

그 결과 많은 기업이 문을 닫았고, 살아남기 위해 직원을 줄이는 기업도 적지 않았어. 자연히 일자리를 잃고 돈을 못 벌게 된 사람들이 많이 생겼지. 그래서 1998년에는 1인당 국민 소득이 그 전해에 비해 오히려 줄어들게 되었단다.

우리의 1인당 국민 소득은 2002년에 와서야 경제 위기 이전 수준으로 회복되었어.

다른 나라의 1인당 국민 소득이 궁금해요

선생님, 다른 나라의 1인당 국민 소득이 궁금해요. 다른 나라의 1인당 국민 소득도 알 수 있나요?

국민 총소득과 같은 경제 지표는 우리나라만 발표하는 게 아니란다. 국제 연합(UN)과 같은 국제기구에서 만든 원칙에 따라 다른 나라들도 경제 지표를 발표하지. 이런 지표들은 각 나라의 경제 수준과 국민들의 생활 수준을 알아보는 데 쓰인단다.

우리가 잘 알고 있는 나라들의 1인당 국민 소득을 알아보자.

우리가 선진국이라고 부르는 나라들은 보통 1인당 국민 소

Tip. 선진국이란?

흔히 선진국, 중진국, 후진국으로 나눌 때는 경제적인 면뿐 아니라 정치적인 면이나 국제 경쟁력 등도 두루 따진다. 경제적인 면으로는 1인당 국민 소득 수준과 공업화의 정도를 본다. 그래서 서아시아의 아랍 에미리트, 쿠웨이트처럼 석유가 많이 나는 나라들은 소득은 높지만 공업화가 뒤떨어졌기 때문에 선진국이라고 하지 않는다.

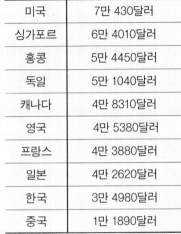

●세계 각국의 1인당 국민 소득 비교(2021년)

미국	7만 430달러
싱가포르	6만 4010달러
홍콩	5만 4450달러
독일	5만 1040달러
캐나다	4만 8310달러
영국	4만 5380달러
프랑스	4만 3880달러
일본	4만 2620달러
한국	3만 4980달러
중국	1만 1890달러

(자료: 세계은행)

득이 3만 달러가 넘었단다.

LG경제연구원에서 2003년에 발표한 보고서에 따르면, 국민 소득이 2만 달러가 넘는 나라들이 1만 달러에서 2만 달러에 이르는 데 걸린 기간은 평균 8.9년이었어. 물론 나라마다 큰 차이가 있어서 짧게는 4~5년, 길게는 16년이 걸렸대. 미국은 10년, 영국은 9년, 독일과 프랑스는 11년이 걸렸다는구나. 그런데 우리나라는 1995년 1만 달러에서 2006년 2만 달러에 이르기까지 11년이 걸렸어.

우리나라는 선진국인가요?

다른 나라의 1인당 국민 소득을 보니까 우리나라보다 잘사는 나라가 많네요. 좀 속상한걸요! 그렇다면 우리나라는 아직 선진국이 아닌가요?

그래, 우리나라보다 잘사는 나라들이 많아. 1995년 우리나라의 1인당 국민 소득은 1만 1432달러였어. 하지만 외환 위기를 겪으면서 1인당 국민 소득은 뒷걸음질했다가 2002년에야 비로소 외환 위기를 겪기 전 수준으로 회복되었어.

다른 나라의 예를 보더라도 경제가 언제나 성장하는 것은 아니란다. 나라마다 성장 속도도 다르고, 성장의 한계도 달라. 1960년대에 우리나라보다 훨씬 잘살았던 필리핀의 2021년 1인당 국민 소득은 3640달러로 우리나라의 9분의 1도 안 돼. 경제가 제대로 성장하지 못한 상태에서 주저앉아 버렸기 때문이지. 남아메리카에도 경제가 제자리걸음을 하고 있거나 더 나빠지는 나라들이 많단다.

　다행히 우리나라는 어려움을 잘 극복하여 1인당 국민 소득이 2018년 3만 1349달러에 이르러 3만 달러 시대로 들어섰지. 2020년에는 국내 총생산 1조 6309억 달러로 경제 규모가 세계 10위인 나라가 되었고. 그러자 2021년 7월 유엔 무역 개발 회의(UNCTAD)에서 모든 회원국이 우리나라의 지위를 선진국으로 바꾸는 데 동의했어. 지금까지 유엔 무역 개발 회의에서 개발 도상국에서 선진국으로 지위를 바꾼 나라는 우리나라뿐이야.

더 잘사는 나라를 만들기 위해 내가 할 수 있는 일은 무엇일까?

⑬ 돈이 많으면 행복할까요?

선생님, 우리나라가 더 잘살았으면 좋겠어요. 그러면 세계 어디를 가든 부자 나라에서 왔다고 부러워하겠지요? 미국에 사는 외삼촌네는 집이 엄청 커요. 마당에 수영장도 있어서 부럽더라고요. 참, 더 잘살게 되면 급식 시간에 더 맛있는 반찬이 나올까요?

돈을 많이 번다고 반드시 더 행복하다고 할 수는 없어. 2012년부터 국제 연합에서는 각 나라의 국내 총생산, 기대 수명, 사회적 환경 등을 평가해서 행복 지수를 구하고 이를 토대로 만든 '세계 행복 보고서'를 발표해. 결과는 어땠을까? 국민 소득과 행복 지수는 과연 어떤 관계에 있을까?

'2022 세계 행복 보고서'에 따르면 우리나라의 행복 지수는 146개국 중 61위였어. 2021년 1인당 국민 소득은 3만 4980달러로 높은 수준이고, 기대 수명도 길어. 그러나 자신의 삶을 자유롭게 선택할 여지가 적고, 어려울 때 친구나 친지의 도움을 받기 힘들고, 정부와 사회 시스템이 투명하지 않는 등 사회적 환경이 좋지 않다고 대답한

핀란드의 수도 헬싱키의 중앙도서관에서 자유로운 시간을 보내는 핀란드 사람들. 핀란드는 2018년부터 계속해서 최고의 행복 국가로 뽑혔다. 출처: Wikimedia Commons

사람들이 많았거든. 그런데 순위가 16위인 코스타리카와 30위인 과테말라는 2021년 1인당 국민 소득이 각각 1만 2310달러와 4940달러로 우리나라보다 소득이 낮았어. 그러니까 돈이 많을수록 더 행복한 건 아니라고 봐야겠지?

행복 지수가 가장 높은 나라는 핀란드였고, 10위 안에 든 나라들은 덴마크·스위스·아이슬란드·네덜란드·노르웨이·스웨덴·룩셈부르크·뉴질랜드·오스트리아였어. 소득 수준도 높지만 복지 제도가 잘 갖추어져 있고 사회적 신뢰와 투명성이 높은 나라들이야.

어른들은 현재 수준에 머물러 있는 나라가 아니라 경제적으로 계속 발전하고, 또 그 혜택을 모든 국민이 골고루 누릴 수 있는 나라, 다시 말해 모든 국민의 행복 지수가 한 단계 높아지는 나라를 너희들에게 물려주고 싶어 해. 그래서 모든 국민이 행복하게 사는 나라를 만들기 위해 애쓰는 거란다.

4장

실크로드에서
신용장까지

— 무역

14 무역을 왜 하는지 궁금해요

선생님, 제가 가장 좋아하는 과일이 바나나인데요, 바나나는 언제나 쉽게 살 수 있어서 참 다행이라고 생각했어요. 값도 싼 편이고요. 그런데 곰곰 생각해 보니 우리나라에서는 바나나가 많이 나지 않는데 그 많은 바나나는 어떻게 가져오는 건가요?

하하하, 좋은 질문이구나. 바나나 이야기가 나온 김에 이번에는 무역에 대해 알아보자.

선생님이 어렸을 때, 바나나는 아주 비싼 과일이었단다. 손님이 들고 온 바나나를 훔쳐보면서 먹고 싶어 하던 기억이 지금도 생생해.

바나나를 싸게 살 수 있는 요즘과는 너무 다르지? 우리나라에서 열대작물인 바나나를 재배하기는 쉽지 않지만 요즘 남쪽 지방에서는 난방 시설을 갖춘 하우스에서 친환경 바나나가 재배되고 있어. 하지만 다른 나라에서 값싼 바나나가 대량으로 들어와 유통되고 있지.

과일뿐 아니라 주위를 둘러보면 옷, 장난감, 전자 제품도 다른 나라에서 들여온 것이 많아. 멀리 떨어진 나라와

무역을 통해 다른 나라에서 들여온 바나나와 오렌지

도 물건을 사고파는 일이 쉬워졌기 때문이지.

나라와 나라 사이에 재화나 서비스를 사고파는 일을 무역 또는 국제 거래라고 한단다. 무역은 수출과 수입으로 나뉘는데 다른 나라에 물건을 파는 것을 수출, 다른 나라에서 물건을 사 오는 것을 수입이라고 해.

선생님, 왜 무역을 하는지 알고 싶어요.

첫째, 나라마다 기후나 자연조건이 다르기 때문이야. 우리나라에서는 원유가 전혀 나지 않아. 이렇게 국내에서 생산되지 않는 것은 수입할 수밖에 없어. 그런가 하면 밀이나 바나나처럼 우리나라에서 생산되지만 수입하는 경우도 많아. 우리나라

기후가 농작물의 재배 환경과 맞지 않으면
운송료나 보험료 등을 내더라도 다른 나라에서
들여오는 것이 오히려 더 싸거든.

둘째, 나라마다 서로 다른 기술력이나 산업화 수준 역시 무
역을 하게 되는 이유란다. 비행기나 선박과 같은 상품은 기술력
이 매우 높은 나라만이 만들어 낼 수 있어. 그러니까 이런 물건
을 만들 수 없는 나라들은 다른 나라에서 수입할 수밖에 없지.

셋째, 옷, 신발, 컴퓨터 같은 공산품도 국내에서 생산하는
것보다 수입하는 제품이 싼 경우에는 수입을 한단다. 전자 제
품은 한 나라에서 여러 가지 물건을 만드는 것보다 전문화된
몇몇 상품을 만들어 수출하고, 다른 제품은 수입하는 것이
유리할 때가 많아.

선진국은 전자계산기나 선풍기와 같은 소형 가전제품을 만들 수 있지만 임금이 높아서 제품 가격이 비싸지는 단점이 있어. 그러면 자기 나라에서 만든 물건보다 중국처럼 임금이 낮은 나라에서 수입한 제품이 싼 경우가 많아. 사람들이 계속 수입품만 찾으면 나중에는 국내에서 만들지 않고 모두 수입하기도 해.

그래서 대개는 다른 나라에 비해 낮은 가격으로 만들 수 있는 제품은 수출하고, 자기 나라에서 생산되지 않거나 직접 만드는 데 돈이 더 많이 드는 제품은 수입한단다.

그래서 세계 각국은 다른 나라에 비해 유리한 산업을 찾아 그 분야에 힘을 기울이는데, 이런 현상을 가리켜 '특화'라고 한단다.

이렇게 나라마다 경쟁력 있는 제품을 전문으로 생산하면 세계 곳곳의 자원이 국제적으로 좀 더 효율적으로 쓰이게 된단다.

15 옛날 사람들은 어떻게 무역을 했을까요?

사람들은 언제부터 무역을 했나요? 교통이 발달하지 않았던 시절에는 무역이 쉽지 않았을 텐데요.

무역이라는 말이 언제부터 쓰였는지 알면 무역의 역사가 얼마나 오래되었는지 짐작할 수 있을 거야. 무역이라는 말을 처음 쓴 사람은 지금부터 2100여 년 전 사람인 중국의 사마천이란다. 중국의 역사책 《사기(史記)》를 저술한 사람으로 유명하지.

신라 시대의 장보고는 지금으로 말하면 무역업자야. 바다로 진출해서 동북아시아의 해상권과 무역권을 손에 넣고 청해진이라는 곳에 해상 무역 왕국을 세웠지. 1200년 전, 멀리 아라비아 사람들도 그의 이름을 알고 있었다니 정말 대단하지?

비단길, 즉 실크로드도 무역의 오랜 역사를 엿볼 수 있게 해 주는 말이야. 중앙아시아를 동서로 가로지르는 고대의 교통로

를 비단길이라고 해. 이 길을 통해 고대 중국의 특산물인 비단이 서양으로 옮겨졌기 때문에 비단길이라고 부르게 되었어. 반대로 서양에서는 이 길을 거쳐 중국에 옥이나 보석, 유리 제품 들을 전했단다.

옛날에도 요즘처럼 교통의 요지는 상업의 중심지였어. 교통의 요지마다 시장이 발달하고 여러 나라에서 생산된 온갖 물건들이 거래되었지. 지금은 일반 소비자들도 인터넷 쇼핑몰 같은 유통점을 통해 생산자에게 직접 물건을 살 수 있지만, 예전에는 여러 단계를 거쳐 실제 소비자가 물건을 손에 넣을 수 있었단다.

옛날이야기를 읽다 보면, 상인이 위험을 무릅쓰고 장사에 나섰다가 지니고 있던 돈과 물건을 도적들에게 모두 빼앗기고 통곡하는 장면이 나오곤 해. 아무리 위험하고 힘들어도 상인들은 귀한 물건을 사다가 파는 일을 계속했단다. 잘만 하면 큰 돈벌이가 되었기 때문이지. 옛날 유럽에서는 인도에서 들여온 후춧가루가 금값에 버금가는 가격으로 팔린 적도 있었다는구나. 무역이 쉽지 않던 시절에는 무역을 통해서 얻는 이익이 지금과는 비교할 수 없을 정도로 컸단다.

16 오늘날의 무역은 어떻게 이루어질까요?

요즘에는 어떤 방법으로 무역을 하나요? 그리고 아주 멀리 떨어진 나라에 물건을 팔려면 어떻게 해야 하나요?

교통과 통신이 발달한 요즘은 세계가 하나의 시장처럼 되어 상품이 활발하게 오간단다. 그러나 아직도 무역은 우리가 편의점에 가서 물건을 살 때처럼 간단하지는 않아.

원래 무역이라는 말은 사람들이 만나 물건을 서로 주고받는 다는 뜻이야. 말 그대로 옛날의 무역은 물건을 살 사람과 팔 사람이 시장에서 직접 물건을 보며 흥정하고, 돈과 물건을 맞바꾸는 일이었어. 그러나 요즘에는 방법이 달라졌어. 물건을 가지고 와서 파는 게 아니라 먼저 거래 약속을 한 다음 나중에 돈과 상품을 바꾼단다.

무역을 할 때 수출업자와 수입업자가 서로 믿는 사이라면 돈을 먼저 보내고 물건을 나중에 받는 경우도 있고, 반대로 물건을 받고 돈을 보내 줄 수도 있어.

그런데 어떤 무역업자든 잘 모르는 상대방을 믿기는 쉽지 않아. 돈을 보낸 다음 물건을 받는다면, 사는 사람은 혹시 물건을 받지 못할까 봐 불안하겠지? 나중에 문제가 생겨도 외국에 있는 기업을 상대로 따지기도 어렵고 말이야. 반대로 물건을 먼저 보내야 한다면 파는 쪽이 돈을 받지 못할 위험이 있어.

그래서 서로의 불안감이나 위험을 없애기 위해 생각해 낸 방법이 은행이 중개 역할을 하는 거란다. 사람들은 돈을 집에 두기보다 은행에 맡기는 것이 안전하고, 또 이자도 받을 수 있으니까 은행에 예금을 해. 은행은 이자를 받고 돈이 필요한 사람이나 기업에게 이 돈을 빌려준단다. 즉 은행은 돈의 흐름을 중개하는 일을 해.

그런데 은행에 맡긴 돈을 찾지 못하는 경우가 있다면 사람들은 아무리 이자를 많이 준다고 해도 돈을 맡기지 않을 거야. 믿을 수 있는 곳이라고 생각하니까 은행에 예금을 하는 거지. 믿을 수 있다는 것을 '신용이 있다'고 하는데, 이런 은행의 신용은 무역에서도 아주 큰 몫을 하고 있어.

은행은 무역 거래를 위해 수출업자에게 수입업자를 대신해

서 물건 값을 먼저 주겠다는 약속을 해. 이 약속의 증거로 신용장이라는 것을 발행하지. 그럼 신용장을 받은 수출업자는 수입업자 대신에 은행의 신용을 믿고 물건을 파는 거야. 물건을 보내고 난 다음 수출업자는 자기가 거래하는 은행에서 물건 값을 먼저 받아. 수출업자의 거래 은행은 돈을 먼저 주고 나중에 수입업자의 거래 은행으로부터 돈을 받는단다.

수입 물품들은 이렇게 복잡한 과정을 거쳐서 우리 손으로 들어오는 거야. 교통과 통신의 발달로 세계 무역이 활발해진 건 사실이야. 하지만 온 세계가 하나의 시장이라고 할 정도로 무역이 활발해지는 데 가장 큰 역할을 한 것은 바로 은행에서 발행하는 신용장이라고 할 수 있어.

무역을 하는 데 은행이 정말 중요한 역할을 하지?

무역을 하지 않으면?

　이번에는 내가 너희들에게 질문해 볼게. 만약 세계 모든 나라가 무역을 하지 않고 자기네 나라에서 생산한 물건만 쓰기로 했다고 하자. 그럼 우리나라 사람들의 생활은 어떻게 변할까?

　우리나라는 원유를 모두 수입해서 쓰잖아요. 우리 집은 휘발유 가격이 조금만 올라도 비상이 걸려요. 석유를 수입할 수 없다면 자동차를 탈 수 없으니까 멀리 가는 일이 힘들어지겠지요.

　흠…… 다시 생각해 보니, 처음에는 심각한 문제가 많겠지만 시간이 지나면 환경에 적응해서 사는 방법을 찾게 될지도 모르지요. 아, 옛날처럼 말을 타고 여행할 수도 있겠군요!

　그래, 처음에는 큰 혼란이 올 거야. 그러다가 나중에는 적응해서 사는 방법을 찾게 될지도 몰라. 집집마다 자동차 대신 말을 사야 할지도 모르지. 하하. 그렇지만 무역 거래가 없다면 일상생활은 상상하기 힘들 정도로 불편해질 것은 틀림없어.

기업들은 돈을 벌기 위해 무역을 해. 하지만 결과적으로 무역은 소비자에게 좋은 품질의 다양한 제품을 더 싸게 살 수 있는 혜택을 주는 셈이란다.

세계의 무역량은 계속 늘어나고 있고, 세계는 하나의 시장이 되었단다.

Tip. 우루과이 라운드 협정과 세계 무역 기구(WTO)

1995년 이전에는 공산품과 원자재 분야에서만 자유 무역이 이루어지다가 1995년부터 우루과이 라운드 협정이 효력을 발생하면서 농산물과 서비스 분야에서도 자유로운 무역을 하게 되었다.

이를 위해 1995년에 설립된 세계 무역 기구는 무역을 하면서 나라들 사이에 다툼이 생기면 이를 판결하고 조정하는 힘을 갖는 기구이다. 2021년 6월 기준 164개 나라가 가입했고 본부는 스위스 제네바에 있다. 세계 무역 기구는 어느 나라가 수입을 막으려고 지나치게 높은 관세를 매기면 관세를 내릴 것을 요구하고, 시장을 넓히기 위해 지나치게 싼 가격으로 수출을 하면 이를 조사하여 덤핑인지 아닌지 판정을 내린다. 자유로운 무역 규칙을 어긴 국가의 행위를 바로잡고 이에 대한 손해 배상도 요구하며, 적절한 조치를 하지 않으면 무역 제재도 가한다.

⑱ 세계의 무역량은 어마어마하게 많아요

우아! 전 세계가 하나의 시장처럼 서로 물건을 사고팔면 그 액수도 어마어마하겠네요?

IMF에서 발표한 2021년 세계 무역 통계를 살펴보면, 전 세계 수출은 22조 1천억 달러였고, 수입도 22조 1천억 달러였어.

제1장에서 국내 총생산이 큰 나라들을 살펴보았지? 경제 규모가 큰 나라일수록 그에 비례해 무역량이 많게 마련이어서 세계 10대 무역국 가운데 네덜란드와 홍콩을 뺀 여덟 나라가 세계 10대 경제 대국에 속한단다.

우리나라는 원유나 액화 가스와 같은 에너지 원료, 옥수수와 콩, 커피 원두와 같은 식품 원료, 종이의 원료인 펄프, 그리고 철광석, 동광석과 같은 금속 원료 등 생산에 필요한 많은 원자재를 수입하기 때문에 수입이 끊어지면 기본적인 의식주의 해결이 불가능할 정도야.

수입을 하려면 외화가 필요해. 필요한 외화는 주로 수출을 해서 벌어들인단다. 그래서 우리나라는 경제 규모에 비해 무역에 의존하는 정도가 아주 높은 나라야. 2021년 우리의 무역량은 12조 6천억 달러를 넘어섰고, 전 세계 무역량의 약 2.9퍼센트를 차지했어. 수출은 전체의 2.92퍼센트인 6444억 달러로 세계 7위, 수입은 전체의 2.8퍼센트인 6151억 달러로 세계 9위였단다.

●주요 무역국의 수출입 순위(2021년)

수출			수입		
순위	나라	금액	순위	나라	금액
1	중국	3,378	1	미국	2,840
2	미국	1,759	2	중국	2,678
3	독일	1,632	3	독일	1,419
4	네덜란드	836	4	일본	769
5	일본	756	5	네덜란드	758
6	홍콩	672	6	프랑스	714
7	한국	644	7	홍콩	714
8	이탈리아	610	8	영국	664
9	프랑스	569	9	한국	615
10	벨기에	545	10	인도	576

단위: 10억 달러

(자료: IMF)

5장

수출 품목을 보면 경제가 보인다

― 우리나라의 주요 수출 품목

19 반세기 동안 5700배나 수출이 늘었어요

선생님, 달력을 보다가 12월 5일이 '무역의 날'이라는 걸 알았어요. 왜 그날이 무역의 날이 되었나요?

좋은 질문이구나. 말이 나온 김에 수출에 대한 궁금증을 풀어 보자꾸나.

어떤 나라의 주요 수출 품목을 살펴보면 그 나라의 산업화나 경제 성장의 정도를 알 수 있어. 가난한 나라는 돈이 없어서 많은 공장을 세울 수 없고, 좋은 상품을 만들 수 있는 기술도 갖추지 못했어. 그래서 대부분 천연자원이나 농수산물을 수출하지.

경제가 발전하면 기술 수준이 높아져서 예전에는 만들 수 없었던 부가 가치가 높은 품목의 수출이 늘어나게 된단다. 부

가 가치가 높은 제품은 값이 비싸기 때문에 이런 품목을 수출하면 외화를 많이 벌어들일 수 있어.

우리나라 경제는 그동안 비슷한 예를 찾아보기 힘들 정도로 빠르게 성장했어. 수출도 아주 많이 늘었지.

1962년부터 시작한 경제 개발 5개년 계획의 첫 번째 목표는 우리 경제가 성장할 수 있는 기반을 마련하는 거였어. 농업 중심의 경제에서 공업 중심의 경제로 탈바꿈하는 것이 중요한 목표였지. 그 결과 공업 생산이 아주 많이 늘었고 수출 또한 놀라운 속도로 늘어났단다.

1964년 11월 30일은 우리나라가 수출 1억 달러를 달성한 역사적인 날이야. 11월 30일을 '수출의 날'로 지정해 기념하다가 1990년부터 이름을 '무역의 날'로 변경했지. 그런데 2012년

부터 12월 5일이 '무역의 날'이 되었어. 2011년 12월 5일 우리나라의 수출과 수입을 합친 무역 규모가 세계에서 아홉 번째로 1조 달러를 넘었는데 이를 기념하기 위해서였단다.

제2차 경제 개발 5개년 계획 기간(1967~1971년)에는 화학, 철강, 기계 공업 같은 산업을 더욱 발전시키고, 일자리를 많이 만들고 생산량을 늘리는 데 힘썼어. 국민들이 많은 돈을 벌어서 우리나라가 잘살게 되는 것이 당시의 가장 중요한 목표였단다. 수출은 해마다 평균 38퍼센트가 늘어서 1971년에는 드디어 10억 달러를 넘어섰지.

1964년부터 2014년까지 반세기 동안, 수출은 자그마치 5700배도 넘게 늘었단다. 그래서 세계에서 수출을 가장 많이 하는 10개 나라 가운데 수출이 가장 많이 늘어난 나라로 기록되었지.

●수출, 얼마나 늘었나?

1964년	1971년	1977년	1995년	2014년
1억	10억	100억	1000억	5727억

단위: 달러

20 1970년대에는 어떤 것들을 수출했나요?

선생님, 1970년에는 어떤 것들을 수출했나요?

1970년에는 모두 8억 3500만 달러어치를 수출했는데 이 가운데 섬유류가 3억 4100만 달러로 전체 수출의 40.9퍼센트를 차지했단다. 합판과 가발도 많이 팔았고, 그다음으로 철광석과 전자 제품을 많이 수출했지.

1970년의 수출 품목을 보면 아직 우리나라는 공업 기술이 발달한 나라라고 할 수 없어. 경제 성장의 초기 단계였으니까. 그때까지는 섬유나 식품과 같은 경공업이 주를 이루었지만 제3차 경제 개발 5개년 계획 기간(1972~1976년)부터 철강과 기계, 조선 등의 중공업이 우리 경제를 성장시키는 주요 산업으로 등장했어.

●1970년 주요 수출 품목

1위	섬유류	341(40.9%)
2위	합판	92(11.0%)
3위	가발	90(10.8%)
4위	철광석	49(5.9%)
5위	전자 제품	29(3.5%)
총수출		835

단위: 백만 달러

(자료: 통계청)

1990년대에는 어떤 것들을 수출했나요?

그렇다면 그로부터 20년 뒤인 1990년에는 어떤 것들을 수출하게 되었나요?

1990년의 수출 품목을 살펴보면 총수출액의 11.7퍼센트에 해당하는 77억 달러어치를 수출한 의류가 계속 1위를 차지하고 있어. 또 반도체가 수출 품목 2위를 기록하게 되었지. 가죽 신발, 선박, 영상 기기도 수출량이 많은 다섯 가지 품목에 들었단다.

●1990년 주요 수출 품목

1위	의류	7,700(11.7%)
2위	반도체	4,538(7.0%)
3위	가죽 신발	3,021(4.6%)
4위	선박	2,799(4.3%)
5위	영상 기기	2,637(4.1%)
총수출		65,106

단위: 백만 달러

(자료: 통계청)

수출 품목이 1990년대에 와서 많이 달라졌구나!

선생님, 반도체 산업에 대해
좀 더 알고 싶어요.

우리나라 반도체 산업의 역사는 1965년
에 시작되었어. 처음에는 외국 기업에서 우리의
값싼 노동력을 이용하기 위해 단순히 조립하는 정도의 반도
체 기술을 가르쳐 주었어. 제품의 중요한 부분은 이미 만들어
진 것을 들여왔지.

그런데 1970년대 말, 정부가 만든 연구소를 중심으로 반도
체 기술 개발 체제가 갖추어졌어. 그러다가 1980년대 초, 민간
기업이 대규모 투자를 시작하면서 체계적인 기술력을 확보하

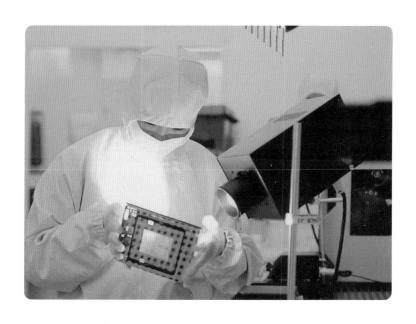

게 되었지. 1983년에 처음으로 64KD램을 개발하여 시험 생산에 성공한 뒤 우리의 반도체 산업 기술은 눈부시게 발전했어. 그리하여 1992년에 반도체는 마침내 우리 수출 품목 1위가 되는 영광을 안았지.

그 뒤에도 수출 품목 1위를 가장 많이 차지한 품목은 바로 반도체야. 1994년에 세계 최초로 256MD램을 개발한 삼성전자는 반도체 메모리 분야에서 세계 최고의 자리를 차지하며 세계적인 기업으로 자리매김했단다.

최근의 수출 품목이 궁금해요

최근에는 어떤 것들을 많이 수출하나요?

최근의 주요 수출 품목은 반도체, 자동차, 무선 통신 기기, 선박 및 부품, 석유 제품, 합성수지, 철강판 등으로 이전과는 많이 바뀌었지.

그 가운데 가장 대표적인 품목을 꼽으라면 반도체, 자동차, 무선 통신 기기를 들 수 있어. 이 품목

●2000년대 이후 주요 수출 품목			
2005년		2021년	
반도체	300	반도체	1,280
자동차	295	자동차	465
무선 통신 기기	275	석유 제품	381
선박 및 부품	177	합성수지	291
석유 제품	154	자동차 부품	228
:	:	:	:
:	:	:	:
총수출	2,844		6,444

단위: 억 달러

(자료: 관세청)

들은 세계 시장에서 제품의 우수성을 인정받으며 한국의 기술력을 드높이는 데 큰 공을 세우고 있단다.

자동차와 무선 통신 기기에 대해서도 알고 싶어요.

1976년에 현대자동차는 '포니'를 에콰도르에 처음으로 수출했어. 지금은 거리에서 다양한 상표의 차를 볼 수 있지만 1970년대 후반, 거리에서 우리가 볼 수 있는 승용차는 대부분 포니였단다. 조랑말이라는 이름처럼 작고 귀여운 차였지.

우리의 자동차 산업은 계속 발전해서 1995년에는 세계 5대 자동차 생산국이 되었어. 그리고 자동차가 반도체만큼이나 주요한 수출 품목으로 자리 잡았단다.

우리 자동차의 평균 수출 가격은 한 대당 약 2만 2500달러인데, 2021년에 수출한 자동차는 약 205만 대라고 해. 일 년 동안 수출한 자동차를 모두 한 줄로 세운다면 어느 정도가 될지 계산해 볼까? 자동차 한 대의 평균 길이를 4.8미터라고 할 때, 205만 대면 9840킬로미터가 돼. 서울과 부산을 잇는

현대자동차 포니

74

경부고속도로의 길이가 417.4킬로미터이니까 경부고속도로의 24배에 해당하는 길이가 된단다. 정말 굉장하지?

무선 통신 기기가 처음 등장했을 때 사용했던 휴대 전화기는 1973년에 미국 모토로라 사가 처음 만들었는데, 일상적으로 쓰이게 된 것은 1983년부터야. 우리 나라에서는 1984년에 차량 이동 전화기가 등장했고 1988년 올림픽을 계기로 휴대 전화기가 쓰이기 시작했어. 1990년대 중반부터 이동 정보 통신 서비스가 활발해졌고, 더불어 더 작고 가벼우면서 값싼 휴대 전화기를 개발했단다.

휴대 전화기를 처음 만든 곳은 미국이지만 우리가 만든 휴대 전화기는 다양한 기능과 화려한 음향으로 세계인들에게 매우 인기가 높았어. 2008년 휴대 전화기에 컴퓨터 기능이 더해지고 앱 스토어가 실린 스마트폰이 대중화되기 시작한 후에도 한국 브랜드의 무선 통신 기기들은 세계적인 경쟁력을 가지고 있단다.

부가 가치가 높은 품목의 수출이 늘면서 1970년대 수출에 큰 몫을 했던 의류는 이제는 총수출액의 1퍼센트에도 못 미치는 실적을 내고 있어. 하지만 우리 의류 제품의 품질은 세계 어디에 내놓아도 손색이 없으니까 디자인 개발과 마케팅* 전략이 성공하면 세계적인 명품 브랜드를 만들어 낼 수 있을 거야.

아직은 세계적인 명품이라고 할 만한 우리 의류 브랜드를 만들어 내지 못하고 있지만 너희들 가운데 누군가 이 일을 이루어 낼지도 몰라. 요즘 미국 여자 프로 골프에서 한국 선수들이 돌풍을 일으키고 있는데, 스타 마케팅을 잘한다면 세계적인 명품 스포츠웨어 브랜드를 만들어 낼 수 있지 않을까?

Tip. 스타 마케팅이 뭐예요?

스타 마케팅은 브랜드의 인지도를 높이거나 기업의 매출을 올리기 위해 유명 스타를 내세우는 방법이다. 유명한 운동선수들은 세계적으로 셀 수 없이 많은 팬들이 있어서 이들을 활용하면 유니폼이나 캐릭터 상품 판매와 같은 사업으로 엄청난 수익을 올릴 수 있다.
타이거 우즈를 내세워 몰락해 가던 나이키 사의 골프 부문을 다시 살린 것이 좋은 예이다.

세계를 주름잡는 '메이드 인 코리아'

외국 출장이 잦은 삼촌이 그러는데 우리나라 스마트폰은 미국이
나 유럽에서도 인기가 엄청나대요!

그래, 우리 스마트폰은 세계 곳곳에서 아주 높은 인기를 끌
고 있어. 그런데 반도체나 자동차 그리고 무선 통신 기기와
같은 우리의 주요 수출품 말고도 세계 시장을 누비는 메이드
인 코리아(Made in Korea) 제품이 많이 있단다. 낚싯대, 손톱
깎이, 오토바이용 헬멧, 양궁용 활과 화살 같은 작은 품목에
서 커다란 선박에 이르기까지 우리의 기술력을 자랑하는 상

우리나라 기업에서 생산한 소전들

품은 아주 많아.

소전(素錢)도 세계를 휩쓰는 우리 상품 가운데 하나란다. 소전은 액면가(화폐의 겉면에 적힌 가격)와 각종 문양이 새겨진 동전을 만들기 전의, 반쯤 만들어진 상태의 동전이야. 세계 각국은 보통 소전을 수입해서 액면가와 그림 등의 무늬를 새겨 넣어 그 나라에서 쓰는 동전을 만든단다. 놀랍게도 전 세계에서 사용하는 동전의 반 이상은 우리 기업이 수출하는 소전으로 만든 거란다.

선생님, 핑크퐁과 아기 상어가 외국에서 벌어들이는 돈이 엄청나다는 얘기를 들었어요.

그래, 핑크퐁과 아기 상어 같은 캐릭터 말고도 우리 영화와 드라마, 게임, 음반, 애니메이션 등 문화 콘텐츠 산업*의 수출도 많이 이루어지고 있어. 2007년까지 문화 콘텐츠 산업은 수입이 수출보다 많았는데, 2008년부터 상황이 달라졌지. 1990년대 후반부터 중국과 일본, 동남아시아 등에서 한류 바람이 불면서 한국 문화에 대한 관심이 높아진 덕분이었어. 그리고 2010년대에 들어서 유튜브와 소셜 네트

워크 서비스(SNS)를 통해 손쉽게 한국 문화를 접할 수 있게 되면서 문화 콘텐츠 산업은 새로운 도약기를 맞이했단다. 2022년 문화 콘텐츠 산업 수입액은 11억 5천만 달러인 데 비해 수출액은 132억 4천만 달러였으니, 엄청나지? 한국의 문화 콘텐츠 상품이 아시아 시장을 넘어, 세계 문화 산업을 이끌었던 미국과 유럽 시장에서도 경쟁력을 가지게 되어서야.

문화 콘텐츠 산업의 수출은 뒤따라오는 이득이 아주 많단다. 외국 사람들이 문화 콘텐츠 상품을 통해 한국 문화를 알게 되면 한국에 대한 이미지가 좋아져 다른 상품 수출도 덩달아 늘어나고 한국으로 관광 오는 사람도 많아지거든. 이런 것들은 당장 돈으로 계산할 수 있는 상품 수출보다 나중에 우리 경제에 더 큰 이익이 되어 돌아올 수 있어.

1970년부터 최근까지의 수출 품목들을 살펴보면서 우리나라 경제가 걸어온 길을 이해할 수 있었어요. 사실 우리나라 경제가 많이 성장했다는 걸 막연하게만 알고 있었는데, 자세한 이야기를 들으니 이제야 실감이 가요. 특히 높은 기술력이 필요한 분야의 제품을 많이 생산하고 수출한다니 정말 자랑스러웠어요.

우리나라 수출의 역사를 배우면서 아주 많은 걸 느꼈구나. 지금까지 이룬 경제 성장을 토대로 모든 국민이 행복한 나라를 만들어 가야 해. 그러기 위해 무엇보다 중요한 것은 앞으로 우리 경제를 이끌 너희의 자세란다.

어릴 때 들었던 말 가운데 잊히지 않는 말이 있어. '태양을 겨누는 자의 화살이 나무 끝을 겨누는 자의 화살보다 높게 난다'는 말이야.

우리나라가 반세기 동안 수출이 5700배도 넘게 증가하고, 반도체나 자동차와 같이 아주 높은 수준의 기술이 필요한 분야에서 세계 최고가 될 수 있었던 것은 결코 우연히 이루어진 일이 아니란다. 우리도 최고가 될 수 있다는 꿈을 꾸었고, 그 꿈을 이루기 위해 끊임없이 노력했기 때문이지.

이 책을 읽고 있는 너희 모두 기왕이면 큰 꿈을 가지렴. 그리고 꿈만 꾸지 말고 그 꿈을 이루기 위해 노력해 보자!

6장

수입 품목
1위는 원유!

— 우리나라의 주요 수입 품목

1970년대에는 어떤 것들을 수입했나요?

경제가 성장하면서 수출 품목이 바뀐 것처럼 수입 품목에도 변화가 있었나요?

물론이지. 국내 산업의 발달과 함께 주요 수출 품목이 바뀌었듯이 수입 품목에도 변화가 있었어. 1970년대만 해도 우리의 기술력은 선진국과 비교해서 낮은 수준이었어. 요즘 값싼 물건의 원산지 표시를 보면 '메이드 인 차이나(Made in China)'가 많은 것처럼, 1970년대에 '메이드 인 코리아(Made in Korea)'로 표시된 물건은 세계 시장에서 값싼 물건으로 통했단다.

하지만 값싼 물건이라도 만들어서 수출하고 외화를 벌어들이는 것만이 우리 경제가 사는 길이었기 때문에 섬유류, 합판, 가발 같은 것을 만들어 열심히 수출했지. 이런 제품을 만드는 데는 기계가 필요했는데 우리 기술 수준으로는 기계를 만들 수 없었어.

그래서 1970년 수입 품목 1위는 일반 기계였단다. 3억 6백만 달러어치를 수입해서 전체 수입의 15.4퍼센트를 차지했지. 2위는 곡물류였어. 우리나라에서 생산하는 것보다 수입하는 것이 더 쌌기 때문이야. 운반용 기기, 전기 기기, 석유도 주요 수입 품목에 들었단다.

1970년대 우리나라의 경제 구호는 "수출만이 살길이다!"였대요.

● 1970년 주요 수입 품목

1위	일반 기계	306(15.4%)
2위	곡물	245(12.3%)
3위	운반용 기기	151(7.6%)
4위	전기 기기	133(6.7%)
5위	석유	133(6.7%)
총수입		1,984

단위: 백만 달러

(자료: 통계청)

1990년대에는 어떤 것들을 수입했나요?

1990년대에는 어떤 것들을 수입했나요? 1970년대와는 다른 품목들일 것 같은데요.

1990년의 수입 품목 1위는 원유야. 원유는 우리가 쓰는 석유의 원료란다. 1970년대 중반, 서아시아의 석유 수출국들이 석유의 무기화를 시도한 뒤부터 원유는 거의 언제나 수입 품목 1위를 차지해 왔어. 우리나라의 석유 사용량은 세계 8위야. 에너지원으로 석유를 이용하는 정도가 다른 나라에 비해 높은 편이지.

1990년, 우리나라는 총 수입의 9.1퍼센트에 해당하는 63억 8600만 달러어치의 원유를 수입했단다. 2위는 기계류였고 반도체가 3위, 석유 화학 제품이 4위, 축산물이 5위였지.

●1990년 주요 수입 품목		
1위	원유	6,386(9.1%)
2위	기계류	5,234(7.5%)
3위	반도체	4,093(5.9%)
4위	석유 화학 제품	3,315(4.7%)
5위	축산물	1,971(2.8%)
총수입		69,844

단위: 백만 달러

(자료: 통계청)

Tip. 석유의 무기화란?

석유는 공장이나 자동차를 움직이는 연료이고 플라스틱과 화학 제품의 재료로 사용되는 매우 중요한 자원이다.

1960년에 결성한 석유 수출국 기구(OPEC)에 속한 나라들은 전 세계 원유 생산량의 40퍼센트가량을 생산하기 때문에 이들이 갑자기 생산량을 줄여 석유 가격이 오르면, 세계 경제는 막대한 타격을 입는다. 이를 이용하여 석유 수출국 기구에 가입한 나라들은 종종 석유 생산량을 줄이겠다고 위협하는데, 이는 세계 경제를 상대로 전쟁을 선포하는 것이나 마찬가지여서 '석유의 무기화'라고 표현한다.

26 최근의 주요 수입 품목이 궁금해요

선생님, 그렇다면 최근의 수입 품목 1위는 무엇인가요? 여전히
원유를 가장 많이 수입하나요?

그래, 최근에도 수입 품목 1위는 원유야. 2021년에는 670억
달러어치를 수입해서 원유 수입 금액이 전체 수입 금액의 무
려 11퍼센트를 차지했단다.

다음 주요 수입 품목은 반도체야. 반도체는 우리의 가장 중
요한 수출품의 하나로 알고 있는데 수입을 한다니 이상하지?

반도체는 전기가 잘 통하는 금속 같은 도체와 전기가 잘 통
하지 않는 유리 같은 절연체의 중간 정도 되는 물체를 말해.

그럼 반도체의 종류를 알아보자. 반도체는 크게 메모리와
비메모리 부문으로 나뉘는데, 이 가운데 메모리는 정보를 저
장할 수 있도록 하는 반도체야. 읽고 쓸 수 있는 램(RAM)과
읽기만 하는 롬(ROM), 캠코더로 촬영할 수 있게 하는 CCD
같은 제품이 여기에 속하지.

램에는 우리나라가 세계 최고를 달리는 D램과, 소비 전력이
적어서 주로 무선 통신 기기에서 글자를 읽어 주고 무선 통신
기기를 껐다 켜도 시간을 기억하게 하는 것 같은 기능을 하는

S램이 있어.

비메모리는 마이크로라고도 하는데 컴퓨터의 두뇌 역할을 하는 마이크로프로세서, 전원을 껐다 켰다 하는 파워 IC 등이 여기에 포함되지.

마이크로는 정보를 저장하는 게 아니라 컴퓨터, 냉장고, 텔레비전 같은 전자 제품을 작동하게 하는 두뇌 역할을 하는 반도체야.

전 세계 반도체 시장에서 메모리가 차지하는 비중은 20퍼센트 정도야. 메모리 부문에서는 우리나라가 세계 1위야. 하지만 비메모리 분야는 미국이 1위이고, 우리 기술력은 반도체

●2000년대 이후 주요 수입 품목

2005년		2021년	
원유	426	원유	670
반도체	251	반도체	614
천연가스	86	반도체 제조용 장비	257
경질석유	69	천연가스	255
:		:	
총수입	2,612		6,151

단위: 억 달러

(자료: 관세청)

산업이 먼저 발달한 미국이나 일본에 비해 뒤떨어진 상태란다. 그래서 비메모리가 필요한 전자 제품을 만들려면 반도체를 수입해야 해. 우리나라 수입 품목 2위가 반도체인 이유를 이제 알았지?

아하, 그래서 반도체가 주요 수입 품목에도 들어 있는 거군요.

먹을거리는 얼마나 수입할까요?

어제 텔레비전 토론 프로그램을 보다가 "우리나라는 식량 자급률이 낮아서 걱정이다"라는 말을 들었어요. 시장에 가면 먹을 것이 쌓여 있는데 우리나라에 식량이 부족하다니 이해가 안 가요.

좋은 질문이야. 식량 자급률이란 한 나라의 식량 공급량 가운데 나라 안에서 생산하여 공급하는 정도를 나타내는 지표야. 우리의 주요 수입 품목 가운데 먹을거리와 관련된 자료를 다시 살펴보면, 1970년에는 곡물이 2위를 차지했고, 1990년에는 축산물이 5위를 차지했어.

그런데 최근에는 먹을거리가 주요 수입 품목에 빠져 있어. 그 이유는 수입량이 줄어서가 아니라 총수입액이 커지다 보니 상대적으로 먹을거리가 수입에서 차지하는 비중이 낮아진 거야. 그래서 가장 많이 수입한 품목 열 가지에 먹을거리가 들어가지 않았을 뿐이지 우리의 식량 자급률, 즉 우리나라 안에서 생산하여 공급하는 식량의 비율은 점점 낮아지고 있단다. 우리나라의 식량 자급률은 1965년에는 90퍼센트를 넘었는데 1985년에는 50퍼센트 밑으로 떨어졌고, 2020년대에는 45퍼센트 정도를 유지하고 있단다.

우리가 주로 먹는 식품 가운데 우리 땅에서 생산하는 먹을
거리로만 음식을 만든다면 언제까지 먹을 수 있는지 계산해
보았더니 다음과 같은 결과가 나왔다고 해.

밀: 3일   옥수수: 4일   콩: 97일   쇠고기: 158일

보리: 174일   생선과 조개류: 250일   닭고기: 280일

우유: 222일   과일류: 290일   쌀: 336일   달걀, 김, 미역: 365일

다른 나라에서 수입하여 대형 할인점에 진열된 먹을거리

우리 땅에서 나는 음식만 먹으면, 달걀이나 김은 매일 먹을 수 있겠지만 밀국수는 겨우 사흘밖에 먹지 못하는군요!

다른 나라에서 수입하는 먹을거리는 다른 것에 비해 값이 싸니까 국내 물가를 안정시키는 역할도 한단다. 또 먹을거리를 수입함으로써 우리 공산품을 더 많이 수출할 수도 있어. 그러나 수입해 온 먹을거리로 우리 식탁을 가득 채우는 일을 계속 보고만 있어서는 안 돼. 석유 생산국들이 석유를 무기화하듯이, 식량의 무기화도 일어날 수 있는 일이니까 이에 대비해야 한단다.

농민 단체들은 농산물 시장 개방이 식량 자급률을 떨어뜨리는 주요 원인이라고 보고, 국내에서 생산되는 식량의 양이 일정 수준을 유지할 수 있도록 식량 자급률 목표를 설정할 것을 요구했어. 이를 받아들여 정부는 2008년부터 식량 자급률 목표치를 발표하고 있지. 그렇지만 목표 달성을 위한 구체적 방안들은 추진되지 않아서 농작물 생산량은 해마다 조금씩 줄고 있는 실정이야.

7장

들어오는 돈,
나가는 돈

— 국제 수지

나라에도 금전 출납부가 있어요

선생님, 국제 수지가 무엇인가요? 어른들이 "국제 수지가 적자일 때는 사치품의 수입을 줄여야 한다"고 말씀하셨는데, 국제 수지가 정확히 어떤 뜻인지 알고 싶어요.

한 가정에서 들어오는 돈과 나가는 돈을 적은 금전 출납부를 가계부라고 하지? 국제 수지는 쉽게 말하면 한 나라의 금전 출납부야.

외국과 무역을 하면 우리나라로 돈이 들어오기도 하고 나가기도 해. 상품을 수출하면 돈이 들어오고 수입하면 돈이 나가게 되지. 우리가 해외여행을 하거나 외국인이 우리나라에 여행 오는 경우도 마찬가지야. 외국인 관광객이 들어오면 호텔 요금도 내고 음식도 사 먹고 물건도 살 테니까 수출과 마찬가지로 우리나라에 돈이 들어와. 반대로 우리가 해외여행을 하면 돈이 나가고. 국제 수지는 일정 기간에 자기 나라와 다른 나라 사이에 생긴 돈거래를 모두 합한 결과표란다.

29 경상 수지가 무엇인가요?

오늘 아침 뉴스를 보다가 "수출이 늘어서 경상 수지 흑자 폭이 커졌다"는 말을 들었어요. 경상 수지는 국제 수지와 어떻게 다른가요?

국제 수지는 경상 수지와 자본·금융계정으로 나뉘어져. 경상 수지는 상품이나 서비스의 수출입 대금이나 근로 소득이나 투자의 대가인 배당금이나 이자 등으로 들어오고 나간 돈 거래의 결과를 알려 주는 지표이지.

경상 수지 중에서는 상품 수지가 차지하는 부분이 가장 크고 다음이 서비스 수지야. 상품 수지는 상품 무역으로 들어오고 나간 돈을 계산한 결과야.

계산할 때, 보통 남은 금액은 검은색으로, 모자라는 돈은

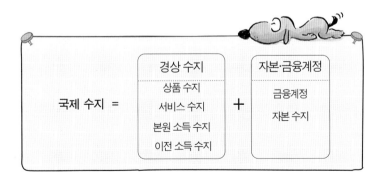

	경상 수지	자본·금융계정
국제 수지 =	상품 수지 서비스 수지 본원 소득 수지 이전 소득 수지	+ 금융계정 자본 수지

붉은색으로 쓴단다. 그래서 수출이 수입보다 많아서 벌어들인 돈이 더 많으면 상품 수지가 '흑자(黑字)'라 하고, 반대인 경우는 '적자(赤字)'라고 해. 그리고 예전에는 상품 수지를 무역수지라고 했기 때문에 지금도 그렇게 말하는 사람이 있어.

서비스 수지는 다른 나라와의 서비스 거래에서 생긴 돈의 차이야. 우리나라의 배나 비행기로 물건을 실어 나르고 받은 운임이나 외국 관광객이 쓰고 간 여행 경비는 들어오는 돈이고, 우리나라가 외국에 지급한 운임, 보험료, 여행 경비 같은 것은 나가는 돈이지.

본원 소득 수지는 우리 근로자가 해외에서 일하거나 우리 자본을 해외에 투자해서 벌어들인 돈과 그 반대의 경우 나간 돈의 차이를 말해.

이전 소득 수지는 우리나라와 다른 나라 사이에 대가 없이 주고받은 돈의 차이란다. 유니세프와 같은 자선 단체를 통해 저개발국 등에 무상으로 원조하는 돈을 생각하면 이해하기 쉬울 거야. 해외에 사는 친척과 주고받는 돈도 이전 소득 수지에 속한단다.

이제 자본·금융계정에 대해 알아볼까? 우리 기업이 해외에 공장을 짓거나 회사를 세우고, 해외 증권에 투자하면 돈이 나가게 돼. 우리가 다른 나라에 돈을 빌려주는 경우에도 돈이 나가지. 반대로 외국 기업이 우리나라에 공장을 짓거나 회사

이전 소득 수지는 우리나라와 다른 나라 사이에 대가 없이 주고받은 돈의 차이를 말한다. 자선단체 등을 통해 저개발국에 무상으로 원조하는 돈이 여기에 속한다.

를 만들고, 우리 증권 시장에 투자하면 돈이 들어와. 또 우리가 다른 나라에서 돈을 빌려 오더라도 돈이 들어온단다. 이런 돈거래는 모두 자본·금융계정에 속해. 그리고 해외 이주 자금이나 특허권*과 저작권*과 관련하여 들어오고 나가는 돈거래도 자본·금융계정에 속하지.

정해진 기간에 우리나라에 들어오는 돈과 나가는 돈을 모두 계산해 보면 항상 차이가 생기게 마련이야. 국제 거래는 주로 달러와 같은 외화로 하는데, 들어온 외화가 밖으로 나간 외화보다 많으면 국제 수지 흑자가 되고, 그 반대의 경우에는 국제 수지 적자가 된단다.

벌어들이는 돈이 많아야
경제가 튼튼해져요

수출과 수입 같은 무역 거래는 국제 수지, 그 가운데서도 경상 수지와 밀접한 관계가 있겠군요?

그래, 아주 좋은 지적이야. 그럼 경상 수지가 우리 경제에 어떤 영향을 주는지 알아보자.

우리나라의 수출이 늘어나면 밖에서 들어오는 돈이 늘고, 수입이 늘어나면 나가는 돈이 늘지. 그러니까 수출이 늘거나 수입이 줄어들면 경상 수지는 늘어나게 돼. 또 외국인이 우리나라에 관광 와서 돈을 쓰면 경상 수지가 늘어난단다. 반대로 우리 국민이 해외여행을 가서 돈을 쓰면 경상 수지는 줄어들고.

다른 나라와 상품이나 서비스를 사고팔아서, 나가는 돈보다 벌어들인 돈이 더 많으면 경상 수지 흑자가 된단다. 보통 경상 수지는 흑자가 좋다고 하는데 그 이유는 무엇일까?

우리 가정의 경우를 먼저 생각해 보자. 우리 집에서 벌어들이는 돈이 쓰는 돈보다 많다면 남는 돈이 생기게 돼. 다시 말하면 흑자가 되는 거지.

우리는 그 돈으로 많은 일을 할 수 있어. 만약 집을 사거나 다른 급한 일 때문에 진 빚이 있다면 돈이 생겼으니까 빚을 갚을 수 있어. 또 미래를 위해 저축할 수도 있고, 주식이나 부동산에 투자할 수도 있지. 그러니까 쓰는 돈보다 버는 돈이 많아야 우리 집 경제가 튼튼해져.

나라 살림도 비슷하겠군요!

그래, 맞아. 상품이나 서비스 거래로 벌어들이는 돈이 나가는 돈보다 많아야, 즉 경상 수지 흑자가 되어야 여윳돈이 생기게 돼. 만약 다른 나라에 진 빚이 있을 때는 이 돈으로 빚을 갚을 수 있어. 또 나라 안팎에서 새로운 사업을 벌이거나 투자를 할 수도 있지.

보통 팔려는 사람보다 사려는 사람이 많을 경우 물건 값은 올라가는데, 여윳돈이 있을 때는 국내에 부족한 물건들을 다른 나라에서 수입할 수도 있어. 그러면 물가를 안정시키는 일이 쉬워진단다. 한마디로 경상 수지 흑자가 되면 경제를 더욱 튼튼하게 운영할 수 있는 힘이 생기는 거야.

반대로 우리 집에서 버는 돈보다 쓰는 돈이 많다면 부족한 돈을 다른 곳에서 빌려야 할 거야. 그러면 빌린 돈에 대한 이자를 내야 하니까 집에서 쓸 돈은 더 줄어들게 되지.

마찬가지로 나라 살림도 경상 수지 적자가 계속되면 부족한 외화만큼 외국에서 돈을 빌려야 하니까 빚이 늘어나게 돼. 말하자면 경상 수지 적자를 자본·금융계정으로 메우게 되는 거야. 자꾸 빚이 많아지면 돈을 빌려준 다른 나라 은행들이 돈을 돌려받지 못할까 봐 걱정하기 시작하고, 빌려준 돈을 갚으라고 재촉하지. 1997년에 있었던 우리나라의 경제 위기도 빌려준 돈을 갚으라고 여러 곳에서 한꺼번에 아우성쳤기 때문에 일어났단다.

우리의 경상 수지는 오랫동안 적자였는데 1986~1989년에는 흑자를 기록했어. 그러다가 1990년대에 다시 적자로 돌아섰지. 1997년 말의 외환 위기를 겪은 뒤, 1998년부터 이를 이겨 내기 위해 국민 모두가 힘을 합쳐 노력한 결과 지금은 큰 폭의 경상 수지 흑자가 계속되고 있단다. 외환 위기 때부터 최근까지의 우리나라 경상 수지를 알아보자.

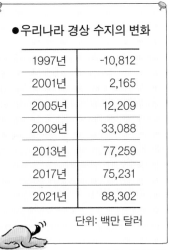

● 우리나라 경상 수지의 변화

1997년	-10,812
2001년	2,165
2005년	12,209
2009년	33,088
2013년	77,259
2017년	75,231
2021년	88,302

단위: 백만 달러

(자료: 한국은행)

경상 수지 흑자를 계속 유지하려면 해외여행도 자제해
야겠어요. 이번 방학에 미국에 사는 외삼촌이 놀러 오
라고 하셨는데……

　해외여행을 하면 외화가 빠져나가니까 나라 경제에 좋지
않은 영향을 준다고 말하는 사람들도 있어. 경상 수지가
적자일 때는 해외여행을 줄이는 것이 나라 경제에 도움
을 주겠지. 그러나 경상 수지가 흑자일 때는 달라. 해외에
나가서 넓은 세상을 보고 배우고 느껴서 세계와 당당하게 겨
룰 수 있는 경쟁력 있는 사람이 되는 것이 나라를 위하는 길
이라고 볼 수도 있어.
　혹시 해외여행을 간다면 놀고 즐기는 데만 열중하지 말
고, 여러 나라의 상품을 두루 구경하고, 우리 상품과 견
주어 좋은 점과 뒤지는 점을 주의 깊게 살펴보렴. 많이 보
고 깊게 생각하고 넓게 보는 눈을 가진다면, 우리의 경쟁력은
쑥쑥 자랄 거야.

미국과 중국이 무역 전쟁을 벌인다는 뉴스가 나오던데, 무슨 말인가요?

무역 전쟁도 경상 수지와 관련이 있어. 경상 수지 흑자는 우리 경제를 튼튼하게 하는 발판이 된다고 했지? 그런데 경상 수지 흑자가 지나치게 커서 문제가 생기기도 해. 어느 나라든 경상 수지 중에서는 상품 수지가 차지하는 부분이 가장 커. 그런데 서로 무역을 하는 두 나라 사이에 한 나라의 수출량만 자꾸 늘어난다면 상대국은 불만이 생길 거야. 그래서 상품 수지, 다시 말해 무역 수지 흑자가 지나치게 큰 나라는 적자를 보는 나라와 무역 마찰이 일어나기도 해. 64쪽 표를 보면 알 수 있듯이 미국은 무역 수지 적자가 큰데, 이 중 30퍼센트가량이 중국과의 무역에서 생겼어. 그래서 2018년 미국은 중국산 수입품에 대한 관세를 대폭 올렸지. 그래서 벌어진 두 나라 사이의 갈등을 무역 전쟁이라고 한 거야.

사람들이 서로 주고받으며 살아야 하듯이 나라와 나라 사이도 마찬가지야. 일방적으로 자기 나라 상품을 수출하려고만 하고 수입을 하지 않으면 다른 나라의 미움을 살 수 있단다.

31

파는 만큼 사야 해요

경상 수지와 자본·금융계정을 합한 국제 수지의 경우는 어떤
가요?

경상 수지가 흑자라야 경제를 튼튼히 하는 힘이 생기는데,
다만 지나친 경상 수지 흑자는 무역 마찰의 원인이 될 수 있다
고 했어. 그렇다면 경상 수지와 자본·금융계정을 합한 국제 수
지의 경우는 어떠할까?

국제 수지는 흑자 규모가
크면 오히려 국내 경제에
나쁜 영향을 미칠 수
있어. 국제 수지 흑
자가 크다는 말은
나라 안으로 들어
오는 외화가 많다
는 뜻이야.

만약 우리의
경상 수지가 흑
자인데 다른 나라

에서 우리나라에 대한 투자를 늘린다면 우리나라로 들어오는 외화가 많아지게 돼. 우리나라로 들어온 외화를 국내에서 원화로 바꾸면 시중에 돌아다니는 돈의 양이 늘어나게 된단다.

무엇이든 흔하면 가치가 떨어지듯이 돈도 마찬가지야. 돈의 양이 늘어나면 가치가 떨어진단다. 상품의 가치는 변하지 않았는데 돈의 가치가 떨어지면 물건 값은 올라가게 돼. 따라서 국제 수지 흑자가 크면 국내 물가가 오히려 불안해진단다. 그래서 국제 수지는 흑자보다는 균형을 이루는 것이 좋아.

국제 수지는 경상 수지와 자본·금융계정의 합이라고 했지? 우리나라의 경상 수지가 적자일 때는 되도록 해외로 외화가 나가지 못하게 했단다. 그런데 경상 수지가 계속 흑자를 내면서, 정부는 국제 수지 균형을 맞추기 위해 우리 기업이나 국민들이 해외에 투자할 수 있도록 여러 규제를 풀어 주는 정책을 쓰고 있어.

8장

올라간다 내려간다,
돈들의 시소 놀이

— 환율

우리 돈과 외국 돈의 가치를 비교하려면?

우아, 이렇게 세계 여러 나라의 돈을 한데 모아 놓고 보니 신기
하기도 하고 참 멋져요. 다른 나라의 돈에 대해 알고 싶어요.

그래, 이번에는 외화와 환율에 대해 알아보자.

신문이나 방송에서 '수출을 많이 해서 외화를 벌어들여야
한다'거나 '해외여행으로 외화를 낭비하고 있다'는 이야기를 들
을 때가 종종 있지? 외화란 아래 사진 속의 돈처럼 우리나라
돈이 아닌 다른 나라의 돈을 통틀어 일컫는 말이야.

나라마다 말이나 글이 다르듯이 사용하는 돈도 다른 경우

가 대부분이란다. 우리나라에서는 원화(₩)를 사용하는데, 미국에서는 달러화($), 영국에서는 파운드화(£), 일본에서는 엔화(¥)를 쓰지. 유럽에서는 예전에는 나라마다 다른 돈을 썼는데, 2002년 1월 1일 유럽 연합에 속한 열다섯 나라 가운데 영국, 스웨덴, 덴마크를 뺀 열두 나라에서 모두 유로화(€)를 쓰기로 했어. 2021년 12월 31일 기준 프랑스, 독일, 네덜란드, 이탈리아를 비롯해 유로화를 사용하는 공식 회원국은 19개국이야.

Tip. 유로화란?

1992년 2월 7일 유럽 공동체(EC) 외무부 장관 회의에서 유럽의 정치, 경제 그리고 통화 통합을 위한 마스트리흐트 조약이 맺어졌다. 이 조약에 의해 유럽 공동체가 유럽 연합(EU)으로 바뀌었고, 유럽 연합에 속한 나라들은 같은 통화를 사용하자는 데 의견을 모았다. 유로화 사용으로 유로 지역 내에서는 서로 다른 통화를 바꿀 때 생기는 위험이 없어졌고, 기업들 사이의 거래에 따르는 비용도 줄어들었다. 아직은 달러화에 견줄 수 없지만 유로화의 힘이 조금씩 세지고 있다.

그런데 선생님, 나라마다 저렇게 각각 다른 종류의 돈을 사용하면 돈의 가치를 서로 어떻게 비교하지요?

여러 나라 돈 가운데 화폐 가치의 기준이 되는 돈은 미국의 달러화야. 그래서 수출입 규모라거나 국내 총생산, 또는 1인당 국민 총소득과 같은 여러 가지 경제 지표를 외화로 나타낼 경우에는 주로 달러화로 표시하고 있어.

그런데 우리 돈을 어떻게 달러화로 환산할까? 이때 적용하는 기준이 바로 환율이야. 즉 환율이란 서로 다른 나라의 돈을 교환하는 비율을 일컫는 말이야. 환율을 알면 외국 돈에 비해 우리 돈이 어느 정도 가치를 갖고 있는지 알 수 있단다.

여러 나라에서 사용하는 돈의 종류가 많다 보니 환율의 종류도 아주 다양해. 하지만 신문 기사나 텔레비전 뉴스에서 우리가 자주 접하는 환율은 '원화와 달러화의 교환 비율'을 말한단다. 예를 들어 환율이 1200원이라고 하면 미국 돈 1달러를 바꾸기 위해서는 우리나라 돈 1200원이 필요하다는 뜻이지. 이것을 수식으로는 US$1.00 = KR₩1200이라고 쓴단다.

㉝ 환율 제도에도 종류가 있어요

선생님, 환율은 누가 정하나요?

환율은 달러화에 대한 자기 나라 화폐의 교환 비율을 어떻게 정하느냐에 따라 '고정 환율제'와 '변동 환율제'로 나눈단다. 고정 환율제는 환율 변동을 인정하지 않고 '1달러는 우리 돈으로 얼마다'라고 정부나 중앙은행이 일방적으로 정해서 발표하는 것이란다. 반대로 변동 환율제는 환율의 변동을 허용하는 제도야.

우리나라는 지난 1990년 3월부터 1997년 12월 16일 이전까지, 하루 동안의 환율 변동 폭을 정부가 제한하는 변형된 변동 환율제를 실시했어. 그러다가 IMF의 권고를 받아들여서 환율 변동 폭에 대한 제한을 없애고 완전한 변동 환율제를 실시했지.

그럼 변동 환율제일 때 환율이 어떻게 정해지는지 알아보자. 물건을 사고파는 곳을 시장이라고 하지? 외화를 사고파는 곳은 외환 시장이라고 한단다. 외환 시장은 은행끼리 거래하는 '은행 간 시장'과 은행이 개인, 기업 등을 상대로 거래하는 '대고객 시장'으로 나누는데, 보통 외환 시장이라고 하면 은행

간 시장을 말해.

우리나라 외환 시장의 거래 금액은 최저 1백만 달러야. 1백만 달러는 약 12억 원이니까 외환 딜러*들이 거래하는 돈의 단위는 정말 크지? 10원짜리 동전이 굴러서 장롱 밑으로 들어가 버렸다면 그것을 찾겠다고 애쓰는 사람은 별로 없을걸. 그런데 외환 거래에서 달러당 10원은 정말 큰돈이란다.

달러를 사야 하는데 1달러에 1200원이던 환율이 갑자기 1210원으로 올랐다고 하자. 그럼 1백만 달러를 산다고 할 때 1천만 원이 더 필요하게 돼. 그래서 환율 변동이 심한 날, 잠깐 자리를 비운 사이에 환율이 심하게 변해 큰 낭패를 볼까 봐 외환 딜러들은 화장실 가는 것도 두려워해. 점심시간에도 밖에 나가지 못하고 컴퓨터 화면을 바라보며 샌드위치로 점심을 때우는 경우도 있단다.

③④ 환율은 어떻게 정해질까요?

선생님, 외환 시장에서 환율은 어떻게 정해지나요?

물건 값과 마찬가지로 환율도 수요 공급의 법칙에 의해서 결정돼. 어제 외환 시장에서 달러화에 대한 원화의 환율이 1210원이었는데, 오늘은 달러화를 팔겠다는 주문(공급)이 사겠다는 주문(수요)보다 많아서 1200원을 주어도 살 수 있다면 달러화에 대한 원화의 환율은 10원이 내린 1200원으로 변한단다.

시소 놀이를 할 때 시소에 탄 사람의 몸무게와 앉은 위치에 따라 시소가 올라갔다 내려갔다 하지? 몸무게가 다른 두 사람이 시소 놀이를 하면 몸무게가 더 나가는 사람이 앉은 쪽이 내려가듯이, 서로 다른 나라의 돈끼리 시소를 타면 돈의 가치

가 더 센 나라 돈의 환율이 내려가게 돼.

　은행에서 일반 고객과 거래할 때의 환율은 은행끼리 거래할 때처럼 시시각각 변하지는 않아. 그러나 외환 시장에서 환율이 크게 변하는 날에는 은행과 일반 고객이 거래할 때의 환율 역시 자주 변하기도 한단다.

　환율 시세를 알고 싶으면 신문을 보거나 인터넷으로 검색하면 돼. 인터넷에 올라온 환율 정보를 한번 찾아보자.

원화 환율(단위: 원)

국가명	살 때	팔 때
미국(달러)	1,324.78	1,279.22
유럽 연합(유로)	1,367.14	1,313.80
영국(파운드)	1,620.73	1,558.11
캐나다(캐나다 달러)	1,038.89	998.75
일본(100엔)	997.39	963.09
중국(위안)	203.08	183.74
홍콩(홍콩 달러)	169.18	162.66
대만(대만 달러)	49.15	40.42

(자료: 하나은행 2022년 8월)

선생님, 외국에 나가 살거나 여행하려면 우리 돈을 그 나라 돈으로 바꿔야 하지요?

그래, 그렇게 서로 다른 나라의 돈을 바꾸는 것을 환전이라고 한단다. 그런데 환전할 때 같은 통화인데도 고객이 살 때와 팔 때의 환율이 달라. 외화를 사고팔 때 기준이 되는 환율이 '매매 기준율'이야. 그러나 우리가 실제로 은행에서 달러를 살 때는 매매 기준율보다 조금 더 높은 환율이 적용되고, 가지고 있던 달러를 팔 때는 조금 더 낮은 환율이 적용된단다.

이렇게 차이가 나는 까닭은 크게 두 가지야. 첫째는 환전에 대한 수수료를 따로 받는 대신, 환전 서비스에 대한 대가를 환율에 포함하기 때문이야. 둘째는 환율은 자꾸 바뀌니까 은행이 외화를 살 때보다 팔 때의 매매 기준율이 낮아지는 경우도 생길 수 있는데 이런 위험 부담을 환율에 반영하기 때문이란다.

35 환율이 수출과 수입에 영향을 준다고요?

환율이 수출과 수입에 영향을 주나요?

서로 다른 나라의 돈끼리 시소를
타면 돈의 가치가 더 센 나라 돈의
환율이 내려간다고 했지? 그러니
까 달러에 대한 원화의 환율이
내려가면 우리 돈의 가치가
더 올라간 거란다. 1달러에
1200원 하던 환율이 1100원
으로 낮아지면 1달러를 바
꾸는 데 필요한 우리 돈
이 100원 적어졌으니까
그만큼 가치가 올라간

거야. 이런 경우 '원화가 평가 절상되었다'고 한단다.

반대로 달러에 대한 원화의 환율이 올라가면 우리 돈의 가치가 더 떨어졌다고 하지. 1달러에 1200원 하던 환율이 1300원으로 높아졌다고 하자. 그러면 1달러를 바꾸는 데 우리 돈이 100원 더 필요해졌으니까 그만큼 가치가 떨어진 거야. 이런 경우 '원화가 평가 절하되었다'고 해.

그런데 원화의 힘이 세지면 우리 돈의 가치가 올라갔다고 좋아하기보다는 수출이 되지 않는다고 걱정하는 사람들이 많아. 왜 그럴까?

예를 들어서 한 대당 2만 달러에 수출하는 자동차가 있다고 하자. 환율이 1200원이면 우리 돈으로 2400만 원을 받는 셈이야. 그런데 환율이 1100원이 되면 2200만 원을 받는 셈이 되지. 자동차 한 대에 2300만 원 이상을 받아야 이익이 남는데 2200만 원을 받게 되면 한 대에 100만 원씩 손해를 보게돼. 자동차 기업은 손해를 보면서 장사를 하지는 않아. 만약 환율이 1150원 아래로 내려가면 수출을 중단하려고 할 거야.

마찬가지로 다른 기업들도 환율이 내려가서 수출해도 이익이 남지 않게 되면 수출을 중단해. 그러니까 우리 돈이 강해져 환율이 내려가면 수출은 줄어들게 된단다.

수입하는 경우는 반대야. 한 개에 10달러 하는 곰 인형을

수입하는 경우를 살펴보자. 환율이 1200원일 때는 1만 2000원이 필요했는데 환율이 1100원이 되면 1만 1000원이 필요해. 인형을 수입하는 기업은 값을 1000원 내려도 전과 같은 이익을 낼 수 있어.

그래서 환율이 내려가면 외국에서 수입하는 양을 늘리게 돼. 또 전에는 이익이 남지 않아 수입할 수 없었던 물건들을 수입하는 기업도 생길 거야. 그래서 우리 돈의 가치가 높아지면 수입은 늘어나게 된단다.

햄버거 값으로 환율을 평가할 수 있어요

왜 환율에 대해 이야기할 때 '빅맥 지수'라는 말을 쓰죠? 환율이 햄버거와 관계있나요?

맥도날드는 120개 나라에 3만 8천여 개의 매장을 가지고 있는 세계에서 가장 큰 햄버거 회사야. 그래서 세계 어느 곳을 여행하든지 맥도날드의 대표적 햄버거인 빅맥을 먹을 수 있어.

영국의 시사 경제 주간지《이코노미스트》는 이 점에 착안해서 1986년부터 세계 각국의 맥도날드 체인점에서 파는 빅맥 가격을 서로 비교하는 '빅맥 지수'라는 지표를 만들어 정기적으로 발표하고 있단다.

세계 어디서나 동일한 물건의 가격은 같아야 한다고 보고, 세계적으로 품질과 크기, 재료가 표준화된 제품으로 빅맥을 선택한 거야. 그리고 각 나라의 빅맥 가격을 달러로 환산해서 서로 비교한 뒤 이를 근거로 특정한 나라의 환율이 실제 가치보다 높

은지 낮은지를 따져 보는 거란다.

예를 들어 2022년 1월의 발표에 따르면 미국에서는 빅맥이 5.81달러인데 한국에서는 4600원이었어. 이는 조사 당시의 환율로 3.82달러에 해당되지. 즉 한국의 빅맥 가격이 미국에 비해 34퍼센트 싸게 나타난 거야. 이를 근거로 원화는 34퍼센트 낮게 평가되었다고 본단다.

빅맥 가격이 가장 싼 나라는 러시아로 개당 145루블로 조사 당시 환율을 적용하면 1.74달러였어. 빅맥 지수로만 따진다면 러시아 루블화는 70퍼센트 낮게 평가되어 있는 셈이지. 빅맥 가격이 가장 비싼 나라는 스위스였는데 개당 6.50스위스 프랑이었어. 이는 6.99달러에 해당하니까 스위스 프랑화는 20퍼센트 높게 평가되었다고 본단다.

나라마다 인건비와 점포 운영 비용에 차이가 나는 것을 무시하고 단순히 빅맥 가격을 비교해서 환율 수준을 판단하는 것은 잘못이라는 지적도 있어. 하지만 빅맥 지수는 각 나라의 물가 수준이나 환율을 말할 때 사람들이 관심을 갖는 지수란다.

9장

나라의 비상금,
이제는 걱정 없어요

— 외환 보유액

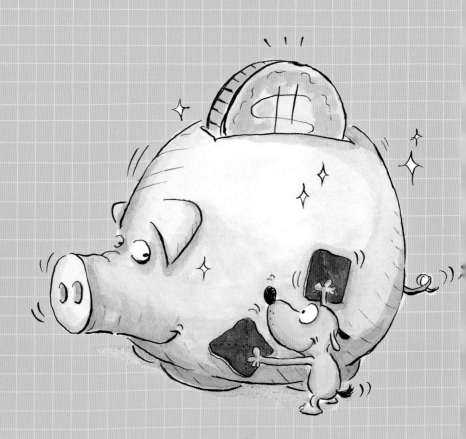

1997년, 나라 경제가 비틀댔어요

선생님, IMF가 뭔가요? 친척 어른들은 지금도 명절에 모이면 "IMF 때 말이야……" 하면서 그 당시 고생스러웠던 이야기를 하시거든요.

IMF(International Monetary Fund)는 우리말로 '국제 통화 기금'이라고 해. 제2차 세계 대전이 끝나고 전 세계가 경제적인 어려움을 겪던 1945년에 만든 국제 금융 기구야. 본부는 미국 워싱턴에 있고 2021년 12월 기준 190개 나라가 가입해 있단다. 국제적인 경제 협력을 위해서 설립한 IMF는 구체적으로 어떤 일들을 할까?

먼저 IMF는 각국 정부가 자기 나라의 환율을 보호하기 위해 외환 시장에 직접 뛰어들지 못하도록 감시한단다. 환율이 내려가면 수출이 줄어든다고 했지? 그래서 정부가 외환 시장에서 외화를 사들여 자기 나라 돈의 가치가 올라가는 것을 일부러 막는 경우가 있어.

반대로 갑자기 환율이 큰 폭으로 오르면 지나치게 통화 가치가 떨어지는 걸 막으려고 가지고 있는 외화를 팔기도 하지. 이런 경우 '정부가 외환 시장에 개입한다'고 하는데, IMF는 이

런 일을 못 하게 막는단다. 또 나라에 따라서는 수입을 막으려고 다른 나라로 외화가 나가는 것을 어렵게 하는 제도를 만들기도 해.

IMF는 각 나라가 이런 규제를 하지 못하도록 감시한단다. 세계 무역이 더욱 활발해지도록 돕는 역할을 하는 거지. 또 어느 나라의 국제 수지가 적자로 돌아서면, 필요한 돈을 빌려 주어 나라 경제를 더 튼튼히 하는 일을 돕는단다.

그런데 우리나라에서는 경제 상황이 어렵다는 이야기를 할 때마다 IMF가 단골 메뉴처럼 등장해. 왜 그런지 궁금하지? 우리나라는 1997년, 외환 부족 때문에 일어난 경제 위기를 극복하는 과정에서 IMF에서 돈을 빌린 적이 있어. IMF는 돈을 빌려줄 때 경제 위기를 극복하는 방안으로 우리의 경제 정책에 많은 간섭을 했어. 그 가운데 하나가 기업의 구조 조정이었지.

IMF는 스스로 일어설 가능성이 없는 기업은 문을 닫게 하거나 다른 기업과 합치는 것이 우리 경제를 다시 살리는 데 도움이 된다고 판단했어. 또 기업이 튼튼해지려면 직원 수를 줄이고, 이익이 나지 않는 사업 분야는 과감하게 정리해야 한다고 했어. 그 과정에서 많은 사람들이 일자리를 잃고 경제적인 어려움을 겪게 되었지. 그래서 우리나라 사람들은 IMF라는 말을 들으면 바로 경제 위기를 떠올리는 거란다.

38 우리나라는 왜 IMF에서 돈을 빌려야 했나요?

왜 우리나라는 IMF에서 돈을 빌려야 했는지 그때 상황을 알고 싶어요.

그래, 너희들도 당시의 상황을 잘 알아야 해. 그래야 다시는 그런 일을 겪지 않도록 노력하겠지.

우리나라는 왜 IMF에서 돈을 빌려야만 했을까?

사람들이 돈이 부족할 때 다른 사람이나 은행에서 돈을 빌리듯이 기업들도 사업에 필요한 돈을 빌리는 경우가 많아. 기업은 주로 은행을 비롯한 금융 기관에서 돈을 빌리지. 기업들은 자기가 투자한 자본 말고도 다른 곳에서 빌린 돈으로 사업을 하는 경우가 대부분이야.

때로는 우리 기업이나 금융 기관이 외국 금융 기관에서 돈을 빌릴 때도 있는데, 이런 돈을 외채라고 한단다. 그 가운데 일 년 안에 갚아야 하는 빚을 단기 외채라고 해. 1997년 11월 말을 기준으로 보면 우리나라의 외채는 1569억 달러였는데, 그 가운데 단기 외채는 922억 달러였어.

1997년 초에 몇몇 대기업들이 빌린 돈을 제대로 갚지 못하

1997년의 급박한 경제 상황을 보여 주는 당시 신문 기사(1997년 12월 3일자 경향 신문)

고 부도를 내고 말았어. 외국 금융 기관들은 이러한 사태를 주의 깊게 살펴보다가, 혹시 빌려준 돈을 돌려받지 못할까 봐 걱정하기 시작했지. 신용이 좋을 때는 만기일, 즉 갚아야 할 날짜가 되어도 이자만 받고 원금은 다시 빌려주는 것이 보통인데 신용이 나빠지니까 무조건 돈을 갚으라고 독촉했어.

외국에서 돈을 빌릴 때는 달러화를 비롯한 외화로 빌리니까 외채를 갚을 때도 외화로 갚아야 한단다. 그래서 돈을 갚을 때 외화를 가지고 있지 않으면 우리 돈을 주고 외화를 사야 해. 즉 달러화로 돈을 빌렸다면 외환 시장에서 원화를 주고 달러화를 사서 빚을 갚는 거지.

당시 외환 시장에서는 외화를 사겠다는 수요가 팔겠다는 공급보다 훨씬 많아졌고 우리 돈의 가치는 급격히 떨어졌어. 그리고 외화에 대한 원화의 환율은 하루가 다르게 올라갔단다. 1997년 9월 말에는 미국 달러화에 대한 원화의 환율이 914원 80전이었는데, 11월 말에는 1163원 80전이었으니까 두 달 사이에 원화의 가치가 27퍼센트나 떨어진 셈이야.

계속되는 빚 독촉에 우리 기업이나 금융 기관이 가지고 있던 외화는 바닥났고, 결국 정부가 비상시에 쓰는 외환 보유액마저 바닥을 드러내게 되었어. 자칫 잘못하다가는 빌린 돈을 갚지 못하겠다고 선언해야 할 정도로 급박한 상황이 되었지. 그래서 급하게 IMF에서 돈을 빌려 발등에 떨어진 불을 끌 수밖에 없었단다.

온 국민이 하나가 된 금 모으기 운동

IMF에서 돈을 빌리는 것 말고 우리 국민들은 경제 위기를 이겨 내기 위해 어떤 일들을 했나요?

1997년에 일어난 외환 위기는 단순히 외화가 부족했던 것이 아니라 외환 보유액까지 바닥날 정도로 심각했어. 그래서 IMF에서 돈을 빌려 급한 사태를 수습하는 방법 말고는 다른 길이 없었단다. IMF는 돈을 빌려준 대가로 우리 경제의 주인 노릇을 했지.

국민들은 빚을 갚지 못한다면 경제를 우리 의지대로 끌고 나갈 수 없다는 사실을 깨달았단다. 그래서 하루라도 빨리 빚을 갚아서 잃었던 경제 주권을 되찾아야 한다는 결의를 다졌고, 경제를 되살리기 위해 한마음 한뜻이 되어 노력했어.

가장 시급한 문제는 부족

한 외화를 마련하는 일
이었어. 그래서 '나라
사랑 금 모으기 운동'
이 일어난 거야. 수많
은 국민들이 장롱 속에
넣어 둔 아기 돌반지까
지 가지고 나와 금 모
으기 운동에 참여했단
다. 나중에 금 모으기 운

동에 동참한 사람들에게 금값에 해당하는 돈을 돌려주는 방
법이었지. IMF에서 돈을 빌렸던 다른 나라에서는 볼 수 없었
던 광경이라 외국 언론들은 매우 놀라며 이 운동을 소개했어.

이때 모은 금으로 금괴를 만들어 외국으로 수출했고, 수출
대금으로 받은 외화는 우리나라의 경상 수지를 흑자로 만드
는 데 많은 도움이 되었어. 금 모으기 운동뿐이 아니었어. 온
국민이 수입품보다는 국산품을 쓰려 했고, 해외여행도 줄이려
고 노력했지. 덕분에 2001년 8월에는 IMF에서 빌린 돈을 완
전히 갚을 수 있었단다.

나라의 저금통도 가득 차야 해요

외환 보유액이 바닥나면 나라 경제가 스스로 일어서지 못하게 되나요?

맞아. 우리의 외환 보유액이 충분했다면 IMF에서 돈을 빌리는 비상사태는 없었을 거야. 도대체 외환 보유액이 무엇이길래 이렇게 큰 역할을 하는 걸까?

숙제하기 위해 재료를 사야 하는데 용돈은 다 떨어지고 부모님은 외출하셔서 발을 동동 구른 적이 있니? 그럴 때 책상위 돼지 저금통 속에 저축한 돈이 있어서 비상금으로 쓸 수 있다면 걱정할 필요가 없을 거야.

한마디로 외환 보유액은 나라의 비상금이야. 갑자기 외국에 진 빚을 갚아야 하거나 국제 수지가 나빠졌을 때와 같은 비상시를 대비해서 나라에서는 적정한 수준의 외화를 준비해 두고 있단다. 이런 돈을 외환 보유액이라고 해. 외환 보유액은 필요하면 언제든지 외국에 지급할 수 있어야 하기 때문에 미국 달러화처럼 국제적으로 널리 쓰는 통화로 준비해 둔단다.

정부가 보유한 외화라도 급할 때 바로 거두어들여 사용할 수 없는 돈이나 금융 기관과 기업, 개인 등이 가지고 있는 외

화는 외환 보유액에 포함되지 않아.

외환 보유액은 비상시를 대비한 돈이지만 평소에도 외환 시장과 국가 경제 전체의 안정에 중요한 역할을 하지. 외환 보유액이 충분하면 우리 경제에 대한 외국 투자자들의 신뢰가 높아져서 우리 기업이나 금융 기관이 외국에서 더 낮은 이자로 돈을 빌릴 수 있단다.

1997년 12월, 우리나라 외환 보유액은 39억 달러밖에 안 되었어. 그러나 이제 국가의 비상금이 바닥나서 걱정했던 일은 옛날이야기가 되었어. 지금 우리의 외환 보유액은 제법 두둑

하단다.

2021년 12월 말 기준 한국의 외환 보유액은 4631억 달러로 세계 8위야. 외환 보유액이 세계에서 제일 많은 나라는 중국으로 3조 2501억 달러야. 2위는 일본으로 1조 4057억 달러, 3위는 스위스로 1조 1100억 달러란다.

다시는 경제 위기를 겪어서는 안 될 것 같아요.

친구들 사이에서 돈을 빌리고 안 갚는 일이 잦으면 신용 없는 아이로 낙인찍히고 나중에는 돈을 빌려주겠다는 사람이 아무도 없을 거야. 기업이나 국가의 경우도 마찬가지야. 우리

Tip. 외환 보유액은 많을수록 좋을까?

외환 보유액이 많으면 외환 시장을 안정시키고 국가 신인도(한 나라가 경제적으로 믿을 만하고 장래성이 있는지를 나타내는 지표)를 높이는 데 도움을 준다. 그러나 외환 보유액이 많으면 외환을 다른 곳에 투자하여 얻을 수 있는 이득을 포기하는 것이기도 하다. 한국은행은 IMF와 국제 결제 은행(BIS) 같은 국제 금융 기관의 권고 기준을 참고하고 무역과 외채, 외국인 주식 투자 규모를 비롯한 외환 시장에 영향을 끼치는 요인을 분석하여 외환 보유액을 관리한다.

가 겪었던 1997년의 경제 위기도 우리나라의 신용이 떨어졌기 때문에 생긴 일이란다.

한 나라의 신용이 어느 정도인지는 국가 신용 등급을 보면 알 수 있어.

④1 나라에도 성적표가 있어요

국가 신용 등급은 무엇인가요?

국가 신용 등급은 한 나라의 신용을 평가해서 매긴 신용 성적표라고 할 수 있어. 그 나라의 현재와 미래의 경제 상황, 즉 외국에 진 빚의 규모, 정부의 살림살이, 경제 성장률이나 물가 등의 경제 분야를 중점적으로 따진 뒤 매겨지지.

또 안보가 튼튼한지, 정치가 안정되어 있는지 등도 두루두루 살펴본단다. 경제뿐만 아니라 정치, 사회적인 면까지 종합적으로 평가하는 셈이지. 따라서 경제 상황이 좋고 정치, 사회적으로 안정되면 국가 신용 등급이 올라가고, 반대일 때는 등급이 떨어지게 돼.

국가 신용 등급은 누가 매기나요?

국가 신용 등급은 세계 여러 나라의 신용 상태를 전문적으로 평가하는 국제적인 신용 평가 회사들이 매긴단다. 신용 평가 회사는 여러 곳이 있지만 세계적으로 권위를 인정받는 곳은 미국의 스탠더드 앤드 푸어스(S&P)와 무디스(Moody's), 영국의 피치 IBCA(Fitch-IBCA) 등이야.

우리나라는 1997년 외환 위기가 닥치면서 국가 신용 등급이 '투자 부적격' 수준으로 떨어졌어. 우리나라에 돈을 빌려주면 돈을 떼일 염려가 있다는 뜻이었지. 2002년에 와서야 외환 위기 이전 수준을 거의 회복해서 '투자 적격'으로 올라갔단다.

투자 부적격인 경우에는 이자를 많이 준다고 해도 돈을 빌릴 수가 없어. 또 이미 빌려준 돈도 빨리 갚으라고 독촉한단다. 우리나라도 그런 수모를 겪었지. 그러다가 외환 위기를 극복하면서 외환 보유액이 늘었고, 단기 외채 규모가 줄어들자 주요 국제 평가 기관의 평가가 긍정적으로 바뀌어서 국가 신

용 등급이 올라가기 시작했단다.

자라나는 세대를 보면 나라의 장래를 알 수 있어. 너희들이 지금부터 바람직한 경제생활의 기본이 되는 좋은 습관을 가져야만 외환 보유액이 바닥나는 일과 같은 비상사태를 막을 수 있단다.

'용돈을 받으면 먼저 일정액을 저축한다.'

'돈을 쓸 때는 미리 예산을 세운다.'

'들어오는 돈보다 더 많은 돈을 쓰지 않는다.'

바로 이런 좋은 습관들이 앞으로 너희들이 이끌어 갈 우리 경제를 튼튼히 하는 힘이라는 걸 잊어서는 안 돼.

10장

한국 기업의
위상이 대단해요!

— 다국적 기업

42 여러 나라에서 장사하는 기업도 있어요

베트남으로 여행 간 친구가 카톡으로 사진을 보내 주었어요.
그런데 사진 속의 친구가 코카콜라를 마시고 있었어요. 베트남
에도 코카콜라가 있나요?

우리는 한국 사람이고 국적은 대한민국이야. 한국과 미국
등 두 나라의 국적을 가진 사람들이 간혹 있지만 대부분의 사
람들은 국적이 하나야. 사람과 마찬가지로 기업에도 국적이
있단다. 한국에서 생겨나 한국에서 사업하는 기업은 한국 기

업, 미국에서 사업하는 기업은 미국 기업이야.

그런데 기업 가운데에는 여러 나라의 국적을 가진 기업들이 있단다. 이런 기업을 '다국적 기업'이라고 해. 처음에는 한 나라에서 사업을 시작했지만 차츰 전 세계로 뻗어 나가 여러 나라에서 사업을 하는 기업이 다국적 기업이지. 다른 말로는 '세계 기업' 또는 '글로벌 기업'이라고도 해. 코카콜라, 마이크로소프트, 아이비엠처럼 크고 유명한 기업들은 대부분 다국적 기업이야.

선생님, 다국적 기업은 왜 생겼나요?

기업을 경영하는 첫째 목적은 돈을 버는 거야. 기업이 한 나라에서 장사를 잘해서 돈을 많이 벌면 다른 나라에 진출해 더 많은 돈을 벌고 싶게 돼. 그래서 외국에 공장도 세우고 회사도 만들면서 다국적 기업이 되는 거야.

또 다국적 기업은 무역 장벽을 뛰어넘기 위해 생기기도 해. 무역 장벽이란 자기 나라 산업을 보호하기 위해 외국에서 들여오는 물건에 높은 세금을 물리거나 수입 자체를 막는 걸 말해. 그래서 무역 장벽을 피하기 위해 공장과 기업을 아예 그 나라에 세워서 경영하는 것이 유리한 경우가 있어.

또 나라 안에서 어떤 기업이 너무 커지면 정부가 나서서 가장 큰 기업이 시장을 마음대로 휘두르지 못하도록 독과점 금지법을 만들거나 환경 규제를 까다롭게 하는 경우가 많아. 이런 규제를 피해 다른 나라에 진출해서 다국적 기업이 되기도 해.

돈을 벌려는 목적으로 사업을 하지만 결과적으로 다국

Tip. 독과점 금지법이란?

시장에 제품이나 서비스를 공급하는 기업이 하나뿐인 경우를 독점이라고 한다. 둘 이상의 소수 거대 기업이 시장을 지배하는 경우는 과점이라고 한다. 독과점 시장에서는 기업이 이윤을 키우기 위해 터무니없이 높은 가격을 매기거나, 가격을 올리기 위해 공급을 줄이기 쉬워 소비자들이 피해를 볼 수 있다. 그래서 대부분의 나라에서 독과점을 법으로 금지하고 있다.

Tip. 환경 규제란?

제품의 생산·수입과 관련한 환경 규정을 까다롭게 하는 것이다. 예를 들면 2021년 7월 유럽 연합은 2023년부터 전기·시멘트·비료·철강·알루미늄처럼 탄소 배출이 많은 품목의 수입품에 대해 생산 과정에서 발생한 탄소 배출량을 기준으로 추가 관세(탄소 국경세)를 물리기로 했다. 유럽 연합 국가보다 이산화탄소를 많이 배출하는 나라의 제품에 탄소 국경세를 부과하는 것은 환경 보호를 위해서라고 하지만 어려운 조건을 내걸어 수입을 막으려는 목적도 있다.

적 기업은 세계 경제를 더욱 활발히 하는 역할을 해. 특히 산업 시설이 별로 없는 나라에 공장을 세우고 세금도 내고 일자리도 만들어 주니까 그 나라 경제 발전에 도움을 준다고 할 수 있지.

그러나 다국적 기업이 좋은 역할만 하는 것은 아니야. 자본과 기술력으로 무장한 다국적 기업 때문에 힘이 약한 국내 기업들이 성장하지 못하기도 하거든.

보통 다국적 기업들은 다른 나라에서 벌어들인 돈을 그 나라에 다시 투자하기보다는 자기 나라로 가져간단다. 그래서 가난한 나라 사람들의 생활 수준은 별로 나아지지 않고 잘사는 나라만 더욱 부유해지는 결과를 낳기도 한단다.

다국적 기업들은 돈을 엄청나게 많이 벌어들인다고 해요. 어떻게 그렇게 많은 돈을 벌지요?

다국적 기업들은 대부분 유명한 브랜드를 가지고 있어. 코카콜라의 예를 들어보자. 코카콜라는 1886년에 미국 조지아주 애틀랜타에서 설립되었단다. 1906년에 처음으로 나라 밖으로 진출해서 캐나다, 쿠바, 파나마에 현지 공장을 세웠고, 지금은 200여 나라에서 코카콜라를 만들어 판매하고 있어. 세계 대부분의 나라에서 팔리고 있으니 코카콜라는 세계인의 음료인

셈이야.

세계적인 브랜드 컨설팅 기업(유명 상표에 대해서 연구하고 그 결과를 바탕으로 상표에 대한 컨설팅을 해 주는 회사)인 미국의 '인터브랜드(Interbrand)'는 해마다 세계 100대 브랜드를 뽑아서 발표하고 있어. 달러로 표시된 금액은 브랜드 가치를 돈으로 환산했을 때의 숫자란다.

1999년 브랜드 가치 평가를 실시한 이후 100대 브랜드에 뽑힌 기업은 미국 기업이 가장 많았어. 미국이 부자 나라가 된 가장 큰 이유는 세계적인 브랜드 가치를 가진 기업이 많고, 그 기업들이 세계 여러 나라에서 돈을 벌어들이기 때문이야. 오늘날 다국적 기업의 본사를 가장 많이 갖고 있는 나라가 미국

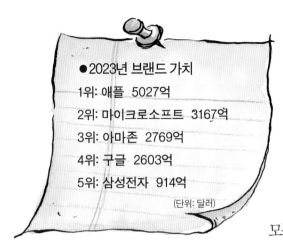

● 2023년 브랜드 가치
1위: 애플 5027억
2위: 마이크로소프트 3167억
3위: 아마존 2769억
4위: 구글 2603억
5위: 삼성전자 914억

(단위: 달러)

이거든.

일본, 영국, 독일, 프랑스, 캐나다, 스위스, 네덜란드도 다국적 기업을 많이 가진 나라야. 이들은 모두 1인당 국민 총소득이 4만 달러가 넘는 나라들이지.

우리나라에도 세계에서 손꼽히는
유명 브랜드가 있어요

우아, 우리나라의 삼성전자가 브랜드 가치 5위를 차지했네요!

자랑스럽지? 2000년 삼성전자는 브랜드 가치 52억 달러
로 42위를 차지하며 처음으로 세계 100대 브랜드로 뽑혔어.
2002년과 2003년에는 세계 34위와 25위로 뛰어올랐지. 그런
데 2005년에는 삼성전자가 150억의 브랜드 가치로 20위를 차
지했을 뿐 아니라, 현대자동차와 LG가 처음으로 세계 100대
기업으로 뽑혔단다. 현대자동차는 35억의 브랜드 가치로 84위,
LG는 26억의 브랜드 가치로 97위를 차지했어. 2004년까지
는 전자 업계의 대명사로 불리던 일본 소니의 순위가 더 높았
는데 2005년에는 삼성전자가 소니를 앞질렀단
다. 일본 전자 산업을 상징하는 기업인 소
니와 삼성전자의 뒤집힌 위상은 미국의
경제 주간지 《비즈니스위크》가 기사로
다룰 정도로 세계적인 뉴스거
리가 되었어.

삼성전자의 브랜드 가치는 계

미국 뉴욕의 타임스퀘어 광장에는 세계적인 기업들의 광고판이 즐비하다. 그 가운데 우리 기업의 로고도 찾아볼 수 있다.

속 높아져서 2012년에 328억 달러의 브랜드 가치로 세계 9위를 차지하여 처음으로 세계 10위권 안으로 들어가는 기록을 세웠지. 당시 10위권 기업 중 미국에 본사를 두지 않은 기업은 한국의 삼성전자와 10위를 차지한 일본의 토요타자동차뿐이었어. 그리고 2020년부터 삼성전자는 연속 5위로 뽑히는 영광을 얻었지. 해마다 브랜드 가치가 가파르게 커진 것은 세계 시장에서 반도체, 스마트폰, 가전제품 등 삼성전자 제품의 인기가 계속 높아졌기 때문이야.

현대자동차도 2007년에 72위, 2012년에 53위, 2014년에 40위에 뽑히며 해마다 브랜드 순위가 높아졌어. 그러나 안타

깝게도 LG는 2008년부터 세계 100대 브랜드 리스트에서 탈락했단다. 대신 2012년 기아자동차가 87위로 선정되며 새로이 세계 100대 브랜드에 이름을 올렸어. 2023년에는 현대자동차가 32위, 기아자동차가 88위로 뽑혔단다.

2023년 10위권 안에 들어간 기업 중 미국에 본사를 두지 않은 기업은 한국의 삼성전자와 6위를 차지한 일본의 토요타자동차, 7위인 독일의 메르세데스벤츠자동차와 10위인 독일의 BMW였어.

국경을 초월한 돈과 기업의 자유로운 이동은 이제 피할 수 없는 추세가 되었어. 그래서 우리 기업의 경쟁력이 커진다면 우리의 시장도 더불어 커지게 돼. 실제로 삼성전자나 현대자동차와 같은 국내 기업들은 미국, 유럽, 아시아 등 세계 곳곳에 공장을 세우면서 세계 일류 기업이 되었단다. 이런 기업들이 세계 여러 나라에서 돈을 많이 벌면 한국의 국민 총소득은 증가할 테고, 그러면 우리나라 사람들은 더 잘살게 돼.

자, 너희들이 자라서 우리 경제를 이끌어 나갈 때, 세계적인 브랜드를 가진 우리 기업의 광고를 여러 나라에서 더 많이 볼 수 있기를 기대한다. 파이팅!

11장

하나가 된
세계 시장

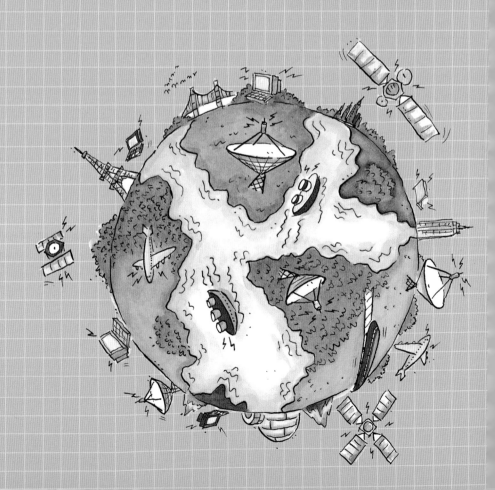

세계가 하나의 마을이 되었어요

어제 손흥민 선수가 나오는 축구 경기를 보다가 늦게 잠들었
어요.

하하하, 그래도 깜빡깜빡 졸면 안 돼.

손흥민 선수가 나오는 경기뿐 아니라 월드컵이나 올림픽 경
기가 있는 날이면 사람들은 경기를 보면서 자기 나라 팀이나
자기가 좋아하는 팀을 응원하지. 태어날 때부터 이런 일에 익
숙한 너희들은 이런 일이 전혀 신기하지 않을 거야. 그런데 할
아버지나 할머니 세대는 다르단다. 다른 나라에서 하는 경기
를 집 안에서 본다는 것을 상상도 못 했던 시대에 어린 시절
을 보낸 어른들은 '세상 참 좋아졌다'고 생각할 때가 많아.

교통과 통신의 발달로 세계는 하나의 마을이 되었어. 1945년
에 공상 과학 소설가 A. 클라크는 인공위성을 통해 세계 여러
나라 사람들이 동시에 통신할 수 있는 세상이 오리라고 내다봤
어. 그는 통신의 발달로 하나가 된 세계를 글로벌 빌리지(Global
Village), 즉 지구촌(地球村)이라고 불렀단다. 처음에는 이 말
을 제대로 이해한 사람이 많지 않았어. 그의 소설에서 힌트를
얻은 미국과 소련은 인공위성에 관심을 가졌고 1957년, 드디

어 소련이 인류 최초의 인공위성인 '스푸트니크'를 쏘아 올렸지.

도쿄 올림픽을 통해 통신 위성은 세계에 그 위력을 알리게 되었어. 1964년 10월에 열린 도쿄 올림픽 개회식은 미국 항공 우주국(NASA)이 그해 8월에 쏘아 올린 '신콤 3호'를 통해 미국에 실황 중계되었단다. 아주 먼 나라에서 벌어지는 광경을 거실에 앉아서 볼 수 있다는 것이 그때는 얼마나 신기하게 느껴졌을지 상상할 수 있겠니?

그 뒤 정보 통신 분야는 엄청난 발전을 거듭했어. 그래서 세계 어느 나라에서 일어난 일이든 중요한 뉴스는 다른 나라에서도 거의 동시에 알 수 있는 세상이 되었지.

그리고 1990년대에 들어 널리 쓰이기 시작한 인터넷은 세계를 정말 하나의 마을로 만들었단다. 인터넷은 서로 다른 기종의 컴퓨터들이 통일된 프로토콜(컴퓨터끼리 데이터를 주고받을 때 필요한 순서와 규칙을 입력해 놓은 프로그램)을 사용해서 자유롭게 통신할 수 있는 세계 최대 통신망이야.

어제 엄마랑 시장에 갔어요. 엄마는 "이제 우리 땅에서 나는 음식 재료만으로 장을 보기 힘들구나"라고 말씀하셨어요.

맞아, 세계는 정보뿐만이 아니라 무역을 통해서 지구상의 모든 자원을 서로 나누고 있어. 지구촌은 하나의 시장이 되었거든.

우리 밥상에 올라오는 먹을거리를 살펴볼까? 중국산 고추와 마늘, 오스트레일리아산 쇠고기, 뉴질랜드산 키위, 필리핀산 바나나, 캘리포니아산 오렌지……. 이렇듯 지구촌에서 생산되는 온갖 먹을거리가 우리 식탁에 올라오고 있어. 자기 나라에서 생산되지 않는 자원은 수입하고, 자기 나라가 경쟁력을 가진 상품은 수출하면서, 자원과 상품을 다른 나라와 서로 교환하며 사는 세상이 되었지.

148

무역과 자본 거래가 자유로워지면서 상품, 서비스, 자본, 노동 등이 국제적으로 활발하게 오가게 되었다. 이렇게 전 세계가 하나의 시장이 된 현상을 세계화라고 한다.

정보 통신 기술이 발달하면서 세계화가 매우 빠른 속도로 진행되어, 시장에서 국경의 개념이 무너지고 다국적 기업의 표준화된 제품이 온 세계를 휩쓸고 있다. 미국과 중국에서 똑같은 디자인의 나이키 신발을 신고, 같은 맛과 크기의 맥도날드 햄버거를 먹을 수 있게 된 것이다.

세계화의 장점은 국가 사이의 무역 장벽이 무너지고, 기업 사이의 경쟁이 치열해지면서 경제의 효율성이 높아진 점을 들 수 있다.

그러나 자본과 기술력을 갖춘 선진국의 힘이 점점 커지면서 잘사는 나라와 가난한 나라의 소득 차이가 더욱 심해지는 등 그 부작용도 만만치 않다.

그런데 세계가 하나의 시장이 된 것이 과연 모든 사람에게 유익하기만 할까?

예전에는 보통 다른 나라와 무역할 때, 수입하는 상품에 세금을 매기거나 일정한 규제를 했단다. 다른 나라 상품이 무분별하게 수입되는 것을 막아 자기 나라 상품을 보호하기 위해서였지. 그런데 1990년대 중반부터 무역 환경이 국가 간 상품의 자유로운 이동을 위해 무역 장벽을 줄이거나 아예 없애는 쪽으로 바뀌었어. 그러면서 자유 무역 협정(FTA: Free Trade Agreement) 체결이 활발하게 이루어졌단다.

이런 흐름에 따라 우리나라도 2003년 2월 칠레와 맺은 자유 무역 협정을 시작으로 여러 나라와 자유 무역 협정을 맺었어. 자유 무역 협정을 맺은 나라끼리는 상대국에서 수입하는 물품에 대해 관세*를 낮추거나 수입을 쉽게 할 수 있게 해. 관세 부담이 줄어들면 수출국은 더 많이 수출할 수 있고, 소비자 입장에서는 같은 제품을 더 싼 가격으로 살 수 있는 거야.

그러나 무역을 자유롭게 하면 피해를 보는 계층도 생긴단다. 우리 농민들이 칠레와의 자유 무역 협정을 반대한 이유도 칠레의 값싼 농산물을 수입하면 피해를 입기 때문이지.

하지만 다른 나라가 한국의 수출 상대국과 먼저 자유 무역 협정을 맺게 되면 우리는 기존 수출 시장을 잃어버릴 수 있어. 반대로 한국이 먼저 자유 무역 협정을 맺고 낮은 관세를 물고

대형 할인점에 쌓여 있는 칠레산 포도

수출하게 되면 수출 시장을 키울 수 있지. 그래서 얻는 것과 잃는 것을 따져 본 결과, 농산물 시장을 내주더라도 공산품을 많이 수출하는 것이 나라 경제에 이익이라고 생각해서 자유 무역 협정을 맺게 된 거야.

45 경쟁이 더욱 치열해지고 있어요

다른 나라에도 역시 시장 개방을 반대하는 사람들이 있다고 들었는데, 그 이유를 알고 싶어요.

사실 국가 사이의 경계나 장벽이 사라진 지 구촌 시대가 되면서 기업의 경쟁은 더욱 치열해졌단다. 예전에는 나라 안에서만 경쟁했지만 이제는 전 세계를 상대로 경쟁해야 해. 그래서 세계화에 잘 적응한 선진국은 더 잘살게 되고 세계화 과정에서 뒤처진 나라들은 살기가 더욱 어렵게 되었어. 그래서 우리나라 농민들처럼 다른 나라에서도 시장 개방으로 손해를 입는 사람들이 이를 반대하는 거지.

허물어진 것은 상품 시장의 장벽만이 아니었어. 서비스나 자본 시장까지도 개방해야 한다는 압력이 너무 거세서, 누구도 개방의 물결을 비껴갈 수 없었단다. 나쁘게 말하면, 선진국들은 '세계는 하나'라는 달콤한 말을 앞세워 세계 경제에 대한 영향력을 더욱 키우게 되었지. 후진국들이 자기 나라 산업을 보호하거나 기업의 경쟁력을 키우는 일에 신경을 덜 쓰는 동안, 선진국들은 후진국의 경제까지도 마음대로 할 수 있는 힘이 생겼고.

시장 개방화의 한 예로 우리 주식 시장을 살펴보자. 원래는 외국인들이 우리 기업의 주식을 살 수 있는 한도가 정해져 있었어. 그런데 우리 경제에 대한 IMF의 요구 사항 가운데 하나가 그 한도를 없애라는 것이었지.

그래서 1998년에 우리 주식 시장에 대한 외국인의 주식 투자 한도에 대한 규제를 풀었단다. 그 뒤 돈 많은 외국인들이 마음에 드는 우리 기업의 주식을 사들였어. 우리 주식 시장에서 거래되는 주식 가운데 외국인들이 가진 주식이 30퍼센트 정도 된단다.

기업의 가치가 올라가면 주가가 올라서 그 주식에 투자한 사람들은 돈을 벌게 되지. 그리고 기업이 이익을 내면 주주*들에게 배당금*을 준단다. 이제는 우리 주식 시장에서 생기는 이득 가운데 많은 부분이 우리 주식에 투자한 외국 사람들의 몫이 되어 버렸어.

물론 이런 현상이 우리나라에만 있는 것은 아니야. 돈 많은 외국인들은 다른 나라의 주식 시장에도 투자하고 있어. 그래서 전 세계의 자본 시장 역시 하나가 되었다고 할 수 있어.

변화에 적응해야 잘살 수 있어요

선생님 말씀을 듣다 보니 걱정이 생겼어요. 어떻게 해야 치열한 경쟁에서 다른 나라에 뒤떨어지지 않고 더 잘사는 나라를 만들 수 있을까요?

중생대에 번성했던 공룡은 지금은 지구상에서 찾아볼 수 없는 동물이야. 공룡이 멸종한 이유에 대해서는 여러 가지 이론이 있어. 어느 이론이 가장 타당한지에 대한 의견이 분분하지만, 확실한 것은 공룡이 변화하는 환경에 적응하지 못했다는 거야. 경제의 세계도 동물의 세계와 마찬가지로 변화에 적응하지 못하면 살아남을 수 없어. 변화에 잘 적응하면 성장을 거듭해서 발전하지만, 변화에 적응하지 못하면 오히려 뒷걸음질하게 되지.

2023년 브랜드 가치 세계 8위 기업인 코카콜라는 역사가 130년이 넘었지만 생산하는 상품은 크게 변하지 않았어. 그러나 다국적 기업화에 누구보다도 발 빠르게 움직였고, 사람

들의 관심을 계속 붙들어 두는 마케팅 전략
을 끊임없이 개발했기 때문에 긴 세월 동
안 살아남을 수 있었단다.

　핀란드의 노키아 역시 환경의 변화에 매
우 능동적으로 대처한 기업이란다. 노키아는
1865년에 펄프 공장으로 시작한 기업이야. 1960년대 이전에
는 펄프, 고무, 케이블을 생산하다가 1960~1980년대에는 전
자·통신 제품을 주력 생산품으로 삼았지. 그리고 휴대 전화
기가 널리 쓰이게 될 것을 미리 내다보고 1987년에 휴대 전화
기 사업에 뛰어들었어. 한때 휴대 전화기 시장 세계 1위였지만
노키아는 무선 통신 기기 시장이 피처폰에서 스마트폰으로
넘어갈 때 시장 흐름을 놓치고 몰락했단다. 그러나 노키아는
다시 살아났어. 휴대 전화기 사업을 버리고 무선 통신 기기를
인터넷과 연결해 주는 무선 네트워크 장비 사업에 온 힘을 쏟
아 세계적인 통신 장비 기업으로 변신했거든.

　우리 경제가 지속적으로 발전하려면 코카콜라나 노키아처

럼 변화에 누구보다도 먼저 적응할 수 있는, 경쟁력을 가진 기업이 많아져야 해. 하지만 이런 기업은 기업만의 노력으로 만들 수 있는 게 아니란다.

짐을 가득 실은 수레를 예로 들어 보자. 수레가 잘 굴러가려면 우선 튼튼하고 성능이 좋아야 해. 그리고 힘이 좋은 사람이 수레를 잘 끌어야 하고 뒤에서 밀어 주는 사람 역시 잘 도와야 해. 수레를 끄는 사람이 아무리 힘이 좋아도 수레바퀴가 망가져서 움직이지 않는다면 망가진 바퀴를 고치기 전에는 앞으로 나갈 수 없어. 수레는 문제가 없지만 수레를 끄는 사람이 낮잠을 잔다면 역시 아무 일도 할 수 없겠지. 또 뒤에서 수레를 미는 사람이 수레를 밀기는커녕 잡아당긴다면 수레는 움직이지 않게 될 거야.

나라 경제도 마찬가지야. 수레를 기업이라고 한다면 수레를 끄는 사람은 정부, 뒤에서 밀어 주는 사람은 개인이라고 할 수 있지. 개인과 기업, 정부가 한마음이 되어 경제를 끌고 나가야만 하루가 다르게 변하는 세계 경제의 한복판에서 다른 나라보다 앞서 나갈 수 있을 거야.

• 경제 용어 풀이 •

관세 국내 생산품을 보호하고 수입을 막기 위해서 정부가 수입품에 물리는 세금.

금리 이자가 원금에 비해 얼마나 되는지를 비율로 나타낸 것. 은행에서 1000만 원을 빌릴 때 금리가 5%라면 1050만 원을 갚아야 한다.

노동력 물건을 만드는 데 드는 인간의 정신적·육체적 능력을 통틀어 일컫는 말이다. 노동력과 토지나 원료가 합쳐져 비로소 생산물이 만들어진다. 자본주의 사회에서는 노동력을 하나의 상품으로 팔 수 있다.

마케팅 기업이 생산한 상품을 소비자의 취향에 맞게 광고하거나 홍보해서 소비자들이 상품을 사도록 하는 활동을 말한다. 우리가 흔히 보는 수많은 광고나 이벤트 등이 마케팅의 하나이다.

문화 콘텐츠 산업 한 나라의 문화를 팔아서 이익을 내는 산업으로, 21세기의 중요한 산업 가운데 하나이다. 세계의 어린이들이 좋아할 만한 애니메이션(만화) 영화를 만들어 해외에 수출하는 애니메이션 산업, 만화 주인공(캐릭터) 모양을 인형이나 문구에 내주고 돈을 버는 캐릭터 산업도 여기에 속한다.

물가 매일매일 변하는 여러 가지 상품이나 서비스의 가격을 평균한 값. '물가가 올랐다'는 말은 어느 한 상품의 가격이 올랐다는 말이 아니라 대부분의 생활용품 가격이 올랐다는 말이다.

배당금 주식회사가 한 해의 사업을 마치고 결산한 회사 이익금을 주주들에게 현금이나 주식으로 나누어 주는 것을 말한다.

사회 복지 질병, 실업, 노후 대책 같은 국민의 생존권이나 복지와 관련된 문제를 국가가 경제적으로 보장하는 일. 잘사는 나라일수록 사회 복지 제도가 잘 갖추어져 있다.

세계은행 국제 부흥 개발 은행(IBRD)을 말한다. 국제 연합(UN) 산하의 국제 금융 기관으로 개발 도상국에 자금을 융자하거나 기술을 지원해서 경제 부흥을 돕는 역할을 한다. 우리나라는 1955년에 가입했다.

외환 딜러 외국 돈을 사서 되파는 일을 하는 사람.

용역(서비스) 의사의 진료, 가수의 노래처럼 눈으로 볼 수 없고 손으로 만질 수도 없는 것. 즉 돈을 주고 살 수 있는 모든 노동력을 말한다.

임금 일하고 대가로 받는 돈을 말한다. 한 달에 한 번씩 받는 임금을 '월급'이라고 하며 일주일에 한 번씩 받는 임금을 '주급'이라고 한다. 이와 달리 1년 동안 받을 돈을 미리 계약하고 받는 임금을 '연봉'이라고 한다.

재화 옷, 컴퓨터, 자동차처럼 눈으로 볼 수 있고 손으로 만질 수 있는 물건. 상품은 재화와 용역으로 나뉜다.

저작권 문학, 음악, 연극, 예술 그리고 그 밖의 정신적인 작품을 포함한 저작물을 만든 사람이 다른 사람에게 그 작품에 대한 권리를 허락할 수 있는 권리를 말한다. 즉 저작권자의 저작물을 다른 사람이 함부로 복제해서 팔지 못하도록 보호하는 권리이다.

주주 여러 사람의 돈을 모아 만든 회사인 주식회사의 주식을 가지고 있는 사람이나 기업.

지속 가능한 발전 1987년 국제 연합(UN)이 처음 사용한 말이다. 현재 지구상에 살고 있는 사람들의 개발 욕구를 충족하면서도, 미래 세대가 사용할 자원을 남겨 놓는 친환경적 개발을 뜻한다.

특허권 시장에 나와 있지 않은 새롭고 기발한 제품이나 제조 비법 같은 발명에 대해 발명가가 정해진 기간 동안 독점할 수 있는 권리를 말한다. 특허를 받은 사람 말고는 그 물건을 만들어 팔지 못하게 해서 발명이나 새로운 제품 개발에 힘쓰도록 장려하기 위한 권리이다.

• 찾아보기 •